主编 李天纲

中国国家图书馆藏

民国西学要籍汉译文献·经济学（第二辑）

合作先驱傅立叶

Charles Fourier

[法] 查理·季特（Charles Gide）著

徐日琨 译

上海社会科学院出版社
Shanghai Academy of Social Sciences Press

图书在版编目(CIP)数据

合作先驱傅立叶/（法）季特著；徐日琨译．—上海：上海社会科学院出版社，2016

（民国西学要籍汉译文献/李天纲主编．经济学）

ISBN 978-7-5520-1160-9

Ⅰ．①合… Ⅱ．①季…②徐… Ⅲ．①傅立叶，C．(1772～1837) －合作经济学－思想评论 Ⅳ．①F014.1

中国版本图书馆CIP数据核字(2016)第045538号

合作先驱傅立叶

主　　编：李天纲
编　　纂：赵　炬
责任编辑：唐云松
特约编辑：陈宁宁
封面设计：清　风
策　　划：赵　炬
执　　行：取映文化
加工整理：嘎　拉　江　岩　牵　牛　莉　娜
责任校对：笑　然
出版发行：上海社会科学院出版社
上海淮海中路622弄7号　电话63875741　邮编200020
http://www.sassp.org.cn　E-mail:sassp@sass.org.cn
排　　版：上海永正彩色分色制版有限公司
印　　刷：常熟市人民印刷厂
开　　本：650×900毫米　1/16开
字　　数：150千字
印　　张：10.5
版　　次：2016年4月第1版　2016年4月第1次印刷

ISBN 978-7-5520-1160-9/F.355　定价：56.00元（精装）

民国西学：中国的百年翻译运动

——『民国西学要籍汉译文献』序

李天纲

继唐代翻译印度佛经之后，二十世纪是中文翻译历史上的第二个高潮时期。来自欧美的『西学』，以巨大的规模涌入中国，参与改变了一个民族的思维方式，这在人类文明史上也是罕见的。域外知识大规模地输入本土，与当地文化交换信息，激发思想，乃至产生新的理论，全球范围也仅仅发生过有数的那么几次。除了唐代中原人用汉语翻译印度思想之外，公元九、十世纪阿拉伯人翻译希腊文化，有一场著名的『百年翻译运动』之外，还有欧洲十四、十五世纪从阿拉伯、希腊、希伯来等『东方』民族的典籍中翻译古代文献，汇入欧洲文化，史称『文艺复兴』。中国知识分子在二十世纪大量翻译欧美『西学』，可以和以上的几次翻译运动相比拟，称之为『中国的百年翻译运动』、『中国的文艺复兴』并不过分。

运动似乎是突如其来，其实早有前奏。梁启超（1873–1929）在《清代学术概论》中说：『自明末徐光启、李之藻等广译算学、天文、水利诸书，为欧籍入中国之始。』利玛窦（Mateo Ricci, 1552–1610）、徐光启、李之藻等人发动的明末清初天主教翻译运动，比清末的『西学』早了二百多年。梁启超有所不知的是：利、徐、李等人不但翻译了天文、历算等『科学』著作，还翻译了诸如亚里士多德《论灵魂》（《灵言蠡勺》）、《形而上学》（《名理探》）等神学、哲学著作。梁启超称明末翻译为『西学东渐』之始是对的，但他说其『范围亦限于天（文）、（历）算』，则误导了他的学生们一百年，直到今天。

从明末到清末的『西学』翻译只是开始，而且断断续续，并不连贯成为一场『运动』。各种原因导致了『西学』的挫折：被明清易代的战火打断；受清初『中国礼仪之争』的影响；欧洲在1773年禁止了耶稣会士的传教活动，以及儒家保守主义思潮在清代的兴起。鸦片战争以后很久，再次翻译『西学』，仍然只在上海和江南地区。从翻译规模来看，以上海为中心的翻译人才、出版机构和发行组织都比明末强大了，影响力却仍然有限。梁启超说：『惟（上海江南）制造局中尚译有科学书二三十种，李善兰、华蘅芳、赵仲涵等任笔受。其人皆学有根底，对于所译之书责任心与兴味皆极浓重，故其成绩略可比明之徐、李。』梁启超对清末翻译的规模估计还是不足，但说『戊戌变法』之前的『西学』翻译只在上海、香港、澳门等地零散从事，影响范围并不及于内地，则是事实。

对明末和清末的『西学』做了简短的回顾之后，我们可以有把握地说：二十世纪的中文翻译，或曰中华民国时期的『西学』，才是称得上有规模的『翻译运动』。也正是在二十世纪的一百年中，数以千计的『汉译名著』成为中国知识分子的必读教材。1905年，清朝废除了科举制，新式高等教育以新建『大学堂』的方式举行，而不是原来尝试的利用『书院』系统改造而成。新建的大学、中学，数理化、文史哲、政经法等等学科，都采用了翻译作品，甚至还有西文原版教材，于是，中国读书人的思想中又多了一种新的标杆，即在『四书五经』之外，还必须要参考一下来自欧美的『西方经典』，甚至到了『言必称希腊、罗马』的程度。

我们在这里说『民国西学』，它的规模超过明末、清末；它的影响遍及沿海、内地；它借助二十世纪的新式教育制度，渗透到中国人的知识体系、价值观念和行为方式中，这些结论虽然都还需要论证，但从一般直觉来看，是可以成立的。中国二十世纪的启蒙运动，以及『现代化』、『世俗化』、『理性化』，都与『民国西学』的翻译介绍直接有关。然而，『民国西学』到底是一个多大的规模？它是一个怎样的体系？它们是以什么方式影响了二十世纪的中国思想？这些问题都还没有得到认真研究，我们并没有一个清晰的认识。还有，哪些著作得到了翻译，哪些译者的影响最大？『西学东渐』的代表，明末有徐光启，清末有严复，那『民国西学』的代表作在哪里？这一系列问题我们并不能明确地回答，原因就在我们对民国翻译出版的西学著作并无一个全程的了解，民国翻译的那些哲学、社会科学、人文学科的『西学』著作，束之高阁，已经好多年。

举例来说，1935年，上海生活书店编辑《全国总书目》，『网罗全国新书店、学术机关、文化团体、图书馆、政府机关、研究学会以及个人私家之出版物约二万种』。就是用这二万种新版图书，生活书店编制了一套全新分类，分为：『总类、哲学、社会科学、宗教、自然科学、文艺、语文学、史地、技术知识』。一瞥之下，这个图书分类法比今天的『人大图书分类法』更仔细，因为翻译介绍的思潮、学说、学科、流派更庞大。尽管并没有统一的『社科规划』和『文化战略』，『民国西学』却在『中国的文艺复兴』运动推动下得到了长足发展。查看《全国总书目》（上海，生活书店，1935），在『社会科学·社会科学一般·社会主义』的子目录下，列有『社会主义概论、社会主义史、科学的社会主义、无政府主义、基尔特社会主义、乌托邦社会主义、基督教社会主义、议会派社会主义』等；在『社会科学·政治·政体政制』的子目录下，列有『政治制度概论、政治制度史、宪政、民主制、独裁制、联邦制、各种政制评述、各国政制、中国政制、现代政制、中国政制史』等，翻译、研究和出版，真的是与欧美接榫，与世界同步。1911年以后的38年的『民国西学』为二十世纪中国学术打下了扎实的基础，而我们却长期忽视，不作接续。

编辑出版一套『民国西学要籍汉译文献』，把中华民国在大陆38年期间翻译的社会科学和人文学科著作重新刊印，对于我们估计、认识和研究『中国的百年翻译运动』、『中国的文艺复兴』，接续当时学统，无疑是有着重要的意义。1980年代初，上海、北京的学术界以朱维铮、庞朴先生为代表，编辑『中国文化史丛书』，一个宗旨便是要接续1930年代商务印书馆王云五主编『中国文化史丛书』，重振旗鼓，『整理国故』，先是恢复，然后才谈得上去超越。遗憾的是，最近三十年的『西学』研究却似乎没有采取『接续』民国传统的方法来做，我们急急乎又引进了许多新理论，诸如控制论、信息论、系统论……还有『老三论』、『新三论』、『后现代』、『后殖民』等等新理论，对『民国西学』弃之如敝屣，避之唯恐不及。

民国时期确实没有突出的翻译人物，我们是指像严复那样的学者，单靠『严译八种』的稿酬就能成为商务印书馆大股东，还受邀请担任多间大学的校长，几份报刊的主笔。但是，像王造时（1903–1971）先生那样在『西学』翻译领域做出重要贡献，然后借此『西学』，主编报刊、杂志，在『反独裁』、『争民主』和『抗战救国』等舆论中取得重大影响的人物也不在少数。王造时的翻译作品有黑格尔的《历史哲学》、摩瓦特的《近代欧洲外交史》、《现代欧洲外交史》、拉铁耐的《美国外交政策史》、拉斯基的《国家的理论与实际》、《民主政治在危机中》。1931年，王先生曾担任光华大学教授，文学院长，政治系主任，后来创办了《主张与批评》（1932）、《自由言论》（1933），组织『中国民权保障同盟』（1932）。他在上海舆论界发表宪政、法治、理性的自由主义；他在大学课堂上讲授的则是英国费边社社会主义、工联主义和公有化理论（见王造时著《荒谬集·我们的根本主张》1935，上海，自由言论社）。非常可惜的是，王造时先生这样复杂、混合而理想主义的政治学理论和实践，在最近三十年的社会科学、人文学科中并无讨论，原因显然是与大家不读，读不到，没有再版其作品有关。

我们说，『民国西学』本来是一个相当完备的知识体系，在经历了一个巨大的『断裂』之后，学者并没有好好地反省一下，哪些可以继承和发展，哪些应该批判和扬弃。民国时期好多重要的翻译著作，我们都没有再去翻看，认真比较，仔细理解。『改革、开放』以后，又一次『西学东渐』，大家只是急着去寻找更加新颖的『西学』，用新的取代旧的，从尼采、弗洛伊德……到福柯、德里达……就如同东北谚语讽刺的那样：『熊瞎子掰包谷，掰一个丢一个。』中国学者在『西学』武库中寻找更新式的装备，在层出不穷的『西学』面前特别害怕落伍。这种心态里有一个幻觉：更新的理论，意味着更确定的真理，因而也能更有效地在中国使用，或者借用，来解决中国的问题。这种实用主义的『西学观』，其实是一种懒惰、被动和浮躁的短视见解，不能积累起一个稍微深厚一点的现代文化。

讨论二十世纪的『西学』，一般是以五四『新青年』来代表，这其实相当偏颇。胡适、陈独秀等人固然在介绍和推广『西学』，倡导『启蒙』时居功至伟，但是『新文化运动』造成不断求新的风气，也使得这一派的『西学』浅尝辄止，比较肤浅，有些做法甚至不能代表『民国西学』。胡适先生回忆他们举办的《新青年》杂志，有一个宗旨是要『输入学理』，即翻译介绍欧洲的社会科学、人文学科知识，他还大致理了一个系统，说『我们的《新青年》杂志，便曾经发行过一期「易卜生专号」，专门介绍这位挪威大戏剧家易卜生，在这期上我写了首篇专论叫《易卜生主义》。《新青年》也曾出过一期「马克思专号」。另一个《新教育月刊》也曾出过一期「杜威专号」。至于对无政府主义、社会主义、共产主义、日耳曼意识形态、盎格鲁·萨克逊思想体系和法兰西哲学等等的输入，也就习以为常了。』（唐德刚编译：《胡适口述自传》，北京，华文出版社，1992年，第191页）。胡适晚年清理的这个翻译目录，就是那一代青年不断寻找『真理』的轨迹。三四十年间，他们从一般的人性论学说，到无政府主义、社会主义、马克思主义；从不列颠宪政学说，到法兰西暴力革命理论、德意志国家主义思想，再到英格兰自由主义主张，大致就是『输入学理』运动中的全部『西学』。

胡适一语道破地说：『这些新观念、新理论之输入，基本上为的是帮助解决我们今日所面临的实际问题。』胡适并不认为这种『活学活用』、『急用先学』的做法有什么不妥。相反，二十世纪中国知识分子接受『西学』的方法论，大多认为翻译为了『救国』，如同进口最新版本的克虏伯大炮能打胜仗，这就是『天经地义』。今天看来，这其实是一种庸俗意义的『实用主义』，是生吞活剥，不加消化，头痛医头，脚痛医脚的简单思维，或曰：是『夺他人之酒杯，浇自己之块垒』。从我们收集整理『民国西学要籍汉译文献』的情况来看，『民国西学』是一个比北大『启蒙西学』更加完整的知识体系。换句话说，我们认为『五四运动』及其启蒙大众的『西学』并不能够代表二十世纪中国西学翻译运动的全部面貌，在北大的『启蒙西学』之外，还有上海出版界翻译介绍的『民国西学』。或许我们应该把『启蒙西学』纳入『民国西学』体系，『中国的百年翻译运动』才能得到更好的理解。

我们认为：中国二十世纪的西学翻译运动，为汉语世界增加了巨量的知识内容，引进了不同的思维方式，激发了更大的想象空间，这种跨文化交流引起的触动作用才是最为重要的。二十世纪的中国文化变得不古不今，不中不西，并非简单的外来『冲击』所致，而是由形形色色的不同因素综合而成。外来思想中包含的进步观点、立场、方案、主张、主义……具有普世主义的参考价值，但都要在理解、消化、吸收后才能成为汉语语境的一部分，才会有更好的发挥。在这一方面，明末徐光启有一个口号可以参考，那便是『欲求超胜，必须会通；会通之前，必先翻译』。反过来说，『翻译』的目的，是为了中西文化之间的融会贯通，而非搬用；『会通』的目的，不是为了把新旧思想调和成良莠不分，而是一种创新——『超胜』出一种属于全人类的新文明。二十世纪的『民国西学』，是人类新文明的一个环节，值得我们捡起来，重头到底地细细阅读，好好思考。上海社会科学院出版社邀我主编『民国西学要籍汉译文献』，献弁言于此，是为序。

2016年3月20日，于阳光新景寓所

[法] 查理·季特（Charles Gide）著　徐日琨 譯

合作先驅傳立葉

中華民國二十五年九月初版

王序

在初期合作思想史中，有處於支配地位的思想家二人，一爲羅拔·渦文（Robert Owen），一卽傅立葉是已。斯二人者，都是空想的社會主義者，同時又是啓發英法二國乃至其他歐洲各國的合作運動的主要人物。羅虛戴爾創始者（Rochdale Pioneers）之受渦文氏理想之衝擊，無論矣，法國的工業生產合作運動，乃至消費合作、耕種合作，亦以傅立葉氏之啓示爲多；在當時雖無合作之名，而結社（Association）一辭，實爲傅氏思想全體系之中心。

傅氏所提唱之「發藍奇」（Phalange）制度，實爲一最理想的合作組織，是一個以農業爲基本產業，共同生產共同消費的自給自足團體，以八百人或其倍數爲組成員，居一定的地域，有固定的建築物。此建築名曰「發藍斯頓」（Phalanstère）是社員的共同的住宅，共同的集合所，與共同的食堂。蓋「共同生活、共同家計、共同住宅」，實爲法輪齊制之根本目標也。在此理想社會中，各人最低限的生活均有保證，一方面不反對私有財產制度，他方面又謀社會財富的增加，各人都從事着愉快的勞動。這一個理想的制度，雖迄未能實現，可是此制所表現的一種自助互助的精神，和平改造社會的態度，與夫公平分配所得的辦法，都深深的影入後此從事合作運動者的心目中，而且將永遠成爲將來合作運動進展的最大啓示的。

綜觀傅氏之一生與其所及的影響，我不禁想到我國的合作導師薛仙舟先生。大凡一個運動的興起，必先有一二思想卓越的人物，出其高超特異的主張，爲社會倡。其先知灼見，在當時或不爲社會所重視，甚或加以訕笑；迨運動稍有進展，而后始悟其啓示性之偉大者。民國八年，薛氏首先倡導合作運動，暢論合作之意義，於消費說尤力事闡揚。當時社會除一二識者外，絕少注意之者。北伐軍與國民政府奠都南京後，薛氏復起草

「全國合作化的方案」當時頗有非議其陳義過高者。今則我國合作運動已日就滋生，揆厥原因，則薛氏啓示之功，要爲不可滅也。

徐璿山兄嚮在法國專治合作經濟之學，於法國合作學說尤多所攻研；頃以所譯傅立葉傳全稿見示。原著者爲法合作名家季特教授，以名筆傳名人，其翔實生動，自毋待言。璿山兄迻譯此書時，復屢獲原著者之指示。余信此譯本一出，必可爲我國合作運動增一偉大之啓示，而有助其進展，因率書所感爲之序。

王世穎序於爲爲齋，民國二十五年元月十五日。

彭序

傅立葉是怎麽樣的一個人？傅立葉的思想如何？傅立葉和合作運動及合作主義有什麽關係？讀者在看完晉山兄的這本譯文之後，就會可以體會得到的，用不着我在這幾點上畫蛇添足起來，貽笑大方。

但是既承譯者不棄，囑爲之序，又不能不寫一點。

到底寫點什麽呢？難道原著和譯本的價值還有我說話的餘地嗎？不佞沒有『獨具』的『隻眼，』說得恰當，只得到一句那是顯而易見的批評；如若說錯了話兒，豈不更是弄巧反拙？

所以這裏只把傅立葉和著者的關係提出來，以就正於譯者和讀者。

★　★　★　★

『我不願意人家因爲我印行了兩本和傅立葉表同情的書，就以爲我把傅立葉的學說完全接受了。其實幷不如此；他的學說中有許多地方——他的唯物主義，他的理想社會的機構，他的非倫理的觀念，都令我看了生厭。不過我既是對於合作運動多久以來就有了濃厚的興趣，對於這位合作運動的先驅，這位合作運動的實現者——至少是紙上的實現者……的傅立葉，不能不表示同情……』

這是季特在他的那本傅立葉文選的第二版序言中的自白，已經輕描淡寫地把他和傅立葉的關係道出來了。

根據這段話的內容，我們知道季特和傅立葉兩人的思想，固有其相同之點，然而也有不能一致之處在。

季特之與傅立葉，誠如布格累教授所言，他們兩人的名字是無從分開的。其所以不能分開的原因，幷不是季特印行了兩本關於傅立葉的書，也不是季特把傅立葉在十九世紀後半葉的地位恢復了，而是季特的合作主義的理論，有許多地方和傅立葉的思想相吻合，卽是說傅立葉的思想，對於季特的合作主義理論之完成，有了很大的影響。

我們研究合作的人，都知道季特怎樣地攻擊寄生階級的商人，也知道季特怎樣地把消費者的朝統的口號提了出來。那末傅立葉在這兩方面的態度怎樣呢？

有人說傅立葉是商人的死敵。這話一點也不錯。他在年輕的時候，就當着顧客的面說他父親在生意上欺人。商人在他的眼中，是『不生產的，欺騙的，無惡不作的階級』。說是十分之九的商人和三分之二的運輸代理人都是無用的，卽是說都是有害的。他的這種反商人的態度，都是事實造成的。當他在馬賽的一個商人那裏作工時，這個商人爲得抬高市價，把米積下不賣，致使在地窖裏腐敗了，而擔任將這些腐敗的米拋入海中去的，正是他。至於巴黎和北山上兩地的蘋果價格之差，使他發明了熱情引力的故事，本書已經談到，用不着我在這裏說了。

消費者的保護，是季特的合作主義的理論重心。季特的這種思想，一方面固是受了巴士幾亞(Bastiat)的影響，但是巴士幾亞只使他在經濟學的研究中注重消費；傅立葉的以消費爲『潑藍斯頓』的中心底思想，以及『滑稽的君主是那被餓而死的君主』的說法，使他造成了他的消費者的朝統理論，使他設法把這個統而不治的昏君，變爲既統而治的明主。

季特不僅在這兩點上繼承了傅立葉，我們還可以找出旁的東西。

傅立葉要把這充滿着『上昇的仇恨和下降的蔑視』的現社會消滅，使每個階級都因親密的同意而融合爲一。大家都能變爲富有，然而并不剝削他人。他以爲在他的『潑藍斯頓』中可以同時自然而然地實現最高的幸福，和最高的自由。因爲這個『潑藍斯頓』中，權力將是漸漸地沒有地位；卽使有若干的權力留存也將只是管理的，而不是統治的，即是說，乃是對物的，而非對人的。并且這裏的權力是爲大家所賦與的，是用選舉產生的。不惟權力——這絕對的治人的權力不存在，就是共同規定的章則仍是一種『可恨的重負』也是要不得的東西。我們應該讓個人的自由創意，盡量向前發展，不應加以任何的限制。同時傅立葉所倡導的結社，是由下而上，不是由上而下，而整個社會的改造，也是由下而上，不是由上而下。這樣的一種思想，如若可以稱爲社會主義的思想的話，并不是集產的社會主義，而是聯合的社會主義。在這樣的一種社會中人與人間既沒有仇恨，也沒有蔑視，只是利益的一致，生活的諧和。這個大同世界中的最貧者也能於看到『潑藍斯頓』時這樣說：『這是我的會堂，我的土地，我的房屋。』他以爲這時不僅貧富，強弱間不致發生仇恨而且工錢制度也可以從此消滅。所有傅立葉的這些階級的融合，自由的結社，由下而上的組織，對物的管理而非對人的統治以及所有權的普遍化，工錢制度的消滅等等沒有一樣不是季特在他的作品中所反復主張的，也沒有一樣不是季特的合作主義及現代的合作運動所服膺，所推行或者所已實現了的。

就是季特和合作運動所醉心的和平主義，合作間的合作辦法以及國際貿易制度等等，也可以在傅立葉的思想中找出牠們的淵源。

★　★　★　★

現在我們再進一步，來分析一下季特和傅立葉不同之處。

這裏且從傅立葉的新社會的機構說起。

傅立葉的新社會的機構中，最使季特生厭的地方，大概是贏餘的分配，工作的熱情化以及分等的共同生活三者。

『潑藍斯頓』中的贏餘分配，爲資本得十二分之四，勞動得十二分之五，才能得十二分之三。這是一種不合於平等原則的分配制度，是季特所厭惡的機構之一。

傅立葉因他的熱情引力的『發明』主張人類的勞動應該完全由熱情去推動，即是說一切的勞動，都以滿足個人的熱情爲條件。幷且認爲熱情沒有好壞之分，凡是熱情，都得設法利用。這種性善的主張，任情的主張，在季特看來是要在倫理方面發生不好影響的。用這種方法去發展社會的生產，不僅是辦不到，而且有許多流弊。這是季特所厭惡的第二個機構。

傅立葉的共同生活，是家庭生活的消滅，是等級的消費。關於第一點，還因能够使消費趨於經濟化，合理化，幷減輕主婦的家室之累，而有相當的利益；然而等級的消費，既是在同一地方，不僅不能解決階級的仇視，而且反引起階級的意識，使諧和的社會無從產生。這樣的理想社會的機構，又是使季特看了生厭的東西。

但是什麼是傅立葉的使季特難以接受的非倫理的觀念呢？

傅立葉最不願意有外來的限制。誠如季特在本書所說，他不僅不願意有物質的限制，身體的限制，政治的限制，而且不願意有道德的限制。連這種道德的限制也不要，季特認爲是非倫理的觀念在那裏作祟。我們知道『潑藍斯頓』是由許多個團體所組成。這些團體之上，在傅立葉的意思，以爲應該有一個女人，而這個女人應爲其餘的男人——卽團員所眷戀。他主張性的完全自由，愛情的絕對放縱。布格累教授說傅立葉的哲學是有系統的反節慾主義，正是指此。這種縱慾主義雖是在一個和『老處女』一樣的獨身生活者的傅立葉的思想上表示出來，還不免爲季特所憎惡。

至於傅立葉的唯物主義，我們可以用他自己的這句話來說明：『如若奴隸時代的人們是爲鞭笞所驅使的話，則自由時代的人們是爲一張嘴巴所驅使了。』季特以爲從口腹問題去了解社會問題，只是一種缺乏理想主義的可憎的唯物主義！

二五年，二月，彭師勤於杭州。

譯者序

合作歷史中，有兩位最著名創立的先鋒，其一爲英人渦文氏，其二便是法人傅立葉；前者已盡人皆知，而後者尚少窺其全豹者，其實對於合作立功而論，傅氏並不亞於渦文。

傅立葉所標榜的主義，目的卽向合作方面進行，邵翟士（Jaurès）說：『傅氏底社會主義，便是合作社會主義。』（註一）他之所以配稱爲合作先驅者，因爲傅氏最先提出『消費者被掠取』的那個大問題；並知道在『澂藍斯頓』(Phalanstère)中聯合生產者和消費者之力互相幫助，以解脫中間人的桎梏。（註二）

傅氏對於合作上的貢獻有兩點：第一，他宣佈萃集合作資本底大綱，蓋無此，合作社便無從生存。第二，他對於合作思想底實行，係採取家庭經濟的方法，而能使社會有變遷之可能性。（註三）

此書係名聞世界的經濟學太斗季特先生的傑作之一，他受傅氏影響很深，而係最了解傅氏的一個人，因此，他說的話，自然都很可靠，至於文字的流暢，條理的清晰，猶其餘事。

若照書名看來，這本書似乎是一本傳記，其實內容卻詳述從事合作的實際經驗和方法，它含有啓發性，讀之可以鼓勵我們自動去試辦合作事業，而不專靠旁力的扶掖；它更對於社會切實問題，指出解決之途徑，如生活昂貴，住宅恐慌，家僕及農村借貸諸問題等，此均爲目下國人最感緊要而急待研究的，讀是書者，都可獲得滿意的答復。我譯此書之目的，不過希望在中國合作運動高潮中，加點小小底推波助浪罷了。

譯者執教於武林，平素課務魚鹿，祇在餘暇中譯之，可說是教書的副產品，譯時又很匆忙，未遑修飾辭句，但對於原意，大概不致違背的罷，倘蒙國內賢達，進而教之，實所盼望。

本書譯權係譯者前在巴黎隨季特教授時，承其特許，並允於譯竣之日，代作序一篇，今不幸書譯成而季師已去世，豈非憾事！特誌於此，聊表紀念。

全書譯竣後，承王世穎、彭師勤兩兄賜撰序文，不勝銘感。吾妻鳳岡女士助我整理稿件，亦所不忘。

徐日琨序於國立浙江大學農學院　一九三五年春。

【注一】參看 Histoire socialiste.(1789-1900) Direction de Jean Jaurès III. La Convention, Paris.

【注二—三】參看 Norris Friedberg: L'influence de Charles Fourier, Paris, Giard, 1926.

本書譯者其他譯著

Le Mouvement Coopératif en Chine. Librairie L. Rostein 17, Rue Cujas, Paris,1933.

合作思想史（羅馬尼亞莫賴登那茲著）正譯中。

著者序文

這本小小的書，是由一九二二——二三年度在法蘭西學院所授的課目——合作學社所創設者——之速記中所整理而得者。其初是袖珍本，爲『法國全國消費合作社聯合會』所刊行。

讀者所以祇能自視爲旁聽生，於此小書中，請別去追求很精深的研究及口授所不備的參考書目。

這書的內容雖然如此，我們望牠仍能爲失勢的法國社會主義者博取同情，并能引起對於這學說的好奇心。假若他的話說得太狂放了一些，那是效法古時帝王的小丑，搖着小鈴在講着笑話，俾把枯燥的事實加以潤飾。

查理季特

目錄

緒言

第一節　傅立葉地位的喪失與恢復

十九世紀上葉是各種社會制度在法國如花怒放的時期，其他各國均望塵莫及。一般□□□□□□□□國在十九世紀上期賜給了世界以社會主義。最著名的如聖西蒙(St. Simon)傅立葉，和蒲魯東，次之如安仿丹(Enfantin)彼克苟(Pecqueur)路易勃郎之流也都是最早的先鋒，不是在別的國家可以找出。可是這個時期的法國社會主義似乎僅如曇花一現，到了同世紀的下半葉已經完全沒有人提起了。

其使前世紀法國社會主義者地位喪失的理由甚多，說起來很長。

我首先得稍爲追述一八七一年起馬克司主義之到臨，或者還得追述這個年載以前的歷史，那是一八六七年一種社會主義制度的發生，這個制度在某種範圍內是與一八七〇年德國凱旋有關的，因爲勝利非特可增進工商的發展，並且——雖然這是一種極不合理的情形——還可宣傳一些主義。

其次更重要的理由就是新社會主義既藉口他們完全應用科學的方法，且繩以歷史，進化，和批評以爲研究的根據，當然只有輕視法國的所謂烏托邦社會主義，因爲這種社會主義的創立，根據因果的演繹，乃觀念學的，而且是溺愛正義，同情之淚，滿眶欲墜；憐憫之心，及於路人，其意在於表彰博愛。

最後還有一個原因，當時法國的社會主義的提倡者，全被認爲一批中產階級——其實這種批評，不能算做一個理由，因爲世界上倡導社會主義的，甚至於目下的列寧和托洛斯基們莫不是中產階級——尤其因爲他們的制度的本身不惟爲勞工階級而設，也是爲中產階級着想。此種懦弱的社會主義者，在他們的理想中，不僅不顧有階級的爭鬬，更不主張有階級的分別。這層我們看到後面卽可證明。

但幾年以後自從大戰以還情形與前大相徑庭：所謂法蘭西烏托邦社會主義又重新站在前線。這是怎樣說的呢？或者首先也許我剛纔所指明那個不合理的同一原因，因爲馬克司主義的成功，一部分是德國凱旋之賜，同樣地也受到她的失敗的結果。在半世紀內各種思想的命運，在某種範圍之內第二次罹受政治的反應了。

但另外的理由卻可說明法國舊社會主義目下得以恢復牠的地位。這是因爲我們如再細行研究一下他們的著作，他們的思想時，就覺得他們多少帶有烏托邦或神秘的形式下，卻有一大部分社會學的觀察，此種觀察都爲事實所肯定，我們目前可以從中得到許多教訓，而且雖然遭了馬克司許多的否認，而馬克司主義本身卻曾由牠得到不少的教益。

因是近幾年來，前世紀初年和其中葉的法國社會主義者，變爲許多研究的對象。新近出了幾本關於這一類的書，譬如蒲魯東的思想和教訓，巴黎大學兼法國高等師範教授布格雷(Bouglé)先生就是其中之一，照他自己的說法，卽是不能算作蒲氏的弟子，至少可說是蒲氏的景仰者。(註一)聖西蒙也重新獲到社會的信仰，去歲新出一本著名雜誌標名『生產者』(Le Producteur)從命名上看來，這明明是紀念聖西蒙派的報紙，因爲聖西蒙也曾用過這個名稱，雜誌上並明白宣言擁護聖西蒙對於生產者的地位和生產者在經濟政府中的權利的理論。

這三個大社會主義家——蒲魯東，聖西蒙和傅立葉中，後者尚沒有受到如前兩人那樣地被人重新尊崇。可是三人只有後者在巴黎有個銅像；這個你可以在克里希路(Boulevard Clichy)找到，並且你還可讀到碑上的那樣寫着的神祕的題字：『娛樂和命運是成正比例的』(Les attractions sont proportionalles aux destinées） 但雖則有了銅像，傅氏在經濟思想史中仍沒有取得他的地位，據我意見他應該有的。

很有許多可以說明他是三者中之最不幸者，和較他們難於恢復當日的地位的理由。

首先最能充分解釋的是他思想和文格的奇特，許多地方簡直是顯然而純粹的癲狂性的表現，從好的方面說來原諒他時，雖可以說是他故意僞託瘋狂，然仍不甚確切。翻開他的原書來親自嘗試時，就常常發現錯誤百出，裏面各色不同的字拉雜在我們目前，有的是平常體的，有的是意大利體的，有時又是用XY來大寫的，有些是橫臥的，有些是顚倒的，好似一個排字工人把他的裝字的盤子亂擲在那兒；其次一些標題和註解到處都是，緒言普通都放書首，他卻往往擺在書尾，這是他自己所說的『散亂的章法』（Ordre dispersé）。此委實一個確切不過底形容詞！這種好像扶乩者的妖術書，同樣底他的著作，非有一種祕訣，是無從了解的。他的狂性非特從書本的排印中表示出來，就是讀他的文句也使我們有同樣的感覺。此地我不能把全年的課程詳細底去敍述關於傅氏一切狂性，不過爲了讀者明瞭起見，且舉出他幾處失常的觀念。

首先看他個人底主張罷。此處是一首短詩，據我所知恐怕這是他所作的唯一的一首詩因爲他的著作都是散文體的；現在我只把它第一節和最後一節寫在下面：

（第一）

幾人蒙冤屈，
到處被侮蔑，
凍餒與恐怖，
蒼生牢獄睡，
醒鐘響徹矣！

先知從天墜，
詭譎之水蛇，
一刀成兩截，
寰宇五千年，
橫行盡罪孽；
今其末日屆，

終隨銅漏絕。

（第二）

當我苦日盡，
死神來相迎，
近代巴比倫
今日之法京，
汝欲編花冠，
向我墳頭敬，

汝子來棺側，
嘆息汝暴行，
爲我雪憤抑，
爲我揚聲名，
奉我遺骸灰，
葬近先哲靈，
凱撒拿破崙
何能望項頸。

另外有一段雖是散文，而格調也似乎較上面所寫的缺少一點抒情，但仍脫不掉某種情感作用：

『我單獨底向目的地前進，走前人所未開發的路。只有我能夠把二千年來的無聊的蠢動政策推翻，只有我能使現在和將來的人類受到無邊的幸福……』

『我生以前人類白白地送了幾千年去發狂似地和自然爭鬪；直到我，才第一次把自然低頭頂禮，去窮究吸引力（L'attraction）神祕之機軸。』

『自然只願降格授予那崇拜牠唯一的凡人以微笑，並向這人宣布了牠一切寶藏。我既然獲得了命運之書，於是就把政治和道德的黑暗揭破，並且在不確切的科學底廢墟上提出世界大同的原理。（La theorie de L'harmonie universelle）』（註二）

他用特別的莊嚴態度在同書中還發出這麼一句驚人的議論：

『設使我們能夠驟然看到這個綜合的次序，（牠自己的）那在全個活動中表現出來，無疑地許多文明者恐因他們劇烈的贊賞而遭非命『許多人將因感動而致病，並且歡然地驟然看到他們又享如此許多幸福！為了使牠們不致失望起見，我將故意傳播一種冷靜者的呼聲於我當初的回憶之上。』

他本人覺得是為牛頓的繼起者，因它能夠發明『宇宙吸引的社會律。』他說：『牛頓略論科學，只不過解釋了一個分枝而已。』是則，我們還可由這些地方看去，並不全在他的神經錯亂的瘋狂表現，而是易於興奮的腦筋的傲然自大，甚或是最含幽默的諧談，這種解釋不是沒有理由的，但是可以指出百段千段只是精神昏亂的作品出來，尤其是關於天文學的，或者竟可以說是點星術的見解，譬如說拍拉（Pallas）秀濃（Zunon）和舍來（Cérès）三顆星使三種不同的發盆子花得以發生，而福貝（Phoebé）（即月亮）應產生更有興味的第四個——不幸『她已死了！』

★　★　★

然而使我到此處和諸位談論傅氏的動機，不是他的狂性而是旁的東西。可是他的著作中又有何物足以贖他的這些無稽之談的短處呢？第一，這些瘋狂，在讀者面前，常常被人解釋為一種引人妄想底乖僻，但處於這種古怪狀況之下，一般預言卻都特別來得正切而完全有根據。

譬如簡單說罷，將來有一天，人們一早由馬賽起程，在里昂午膳，到巴黎晚餐，我們此刻想一想，在一八二三年，距今適為一世紀，這自然是一個很奇怪的預言，大約他的同儕聞之定為鄙屑不置，他之所以想出一種暗示的幻想：他說『這種行程能用這種速度來完成，是因為在一個柔軟，有彈性，肩夫背脊之上，它是鬬獅（L'anti-lion）』讀者雖是為之捧腹，但是對於這種理想不能不佩服。假如時在今日，你放這個『鬬獅』一名詞象徵於一架飛機，你就覺得此預言不再可笑了。當他寫着『某船從倫敦起程，今天達到中國，水星於收到亞洲天文學家的通知後即把這消息爲之轉交倫敦天文學家。』這種預言很可以用今日的文字如此表示出來：『當一隻船到中國了，無綫電就傳遞這個消息到巴黎愛徵爾鐵塔（La Tour Eiffel）或倫敦。』我相信人們定以爲這是一個了不起的預言，因爲他所說的正是將水星當成一種爲當時人們所夢想不到的力量，牠能傳遞消息，這點他已預先感覺到。這眞是一種預卜的天才呀！

關於一般幻想，無疑地將來沒法可證實，不過處處留有影象。譬如在他的一本書裏說，有天兵一枝，由星會（Conseil sidéral）議決派遣來救人類的。這枝兵從一千七百年即動身，達到太陽系境界，只不過餘下三百年的路程。——對呀，這個幻想便是由星中派遣來救我們地球底天兵呀，迅速地飛越遼闊的天空，無疑地是光了，它來助我們只不過三世紀餘的行程而已——再忍耐一點罷，可憐亞丹子孫們，天兄走近了！——這使『拉包卡利斯』（L'Apocalypse）（此係抽象可怕的怪物）爲之寒顫，有時這種狂性卻又現出可愛，處處敏慧，富有縝密和伶俐的觀察，近乎童季蕭（Don quichotte）說一些話給黃金時代那些可愛的收羊者相彷彿。

此外另有個理由，倘可由我在傅氏身上選出的，我敢說個人同情於此種奇才。我第一次認識傅氏還在童年時代，當時並不給我一個快感：我初次看見他的像，係在一個當時的福亨（Forain）畫家張模氏（Cham）的畫譜上面，他對於當時的社會主義者，描摹一番諷刺畫。上面有傅氏的像，後面拖有一條魚形的辮子，尾尖附有一隻眼睛。人們之所以如是作畫者，正因爲他在預言中發表一種意見，謂別種行星上的人類所造的組織，均較我們爲完備，尤其是他們享受此種權利，我們是沒有的，即『每個分子包括大致如下的財產：傷害的保證，銳利的武器，壯麗的裝飾品等等。』但他卻沒有說明，我們地球上的居民也會變遷的呀！目下人們仍繼

稍責備他不合理，一般著作家卽如法朗士（Anatole France）也都如此

雖然，我如此的結識傅氏，所以在兒童時代腦中就印着一個極可怖的影像。後來我在故鄉一個村莊裏遇着一位傅氏信徒，和他作竟夜談，承他淋漓盡致的敍述給我關於『潑藍斯頓』(Phalanstère)的神奇，我聽了之後，才把以前的夢魘丟開而代以一個別的觀念，這便是全體集社的好處。從此我開始讀些他的書，不無厭煩，但也不令人乏味，如讀者缺少勇氣，那恐怕半途生厭。大約三十年左右，我曾經出版一本很小的書名『傅立葉精選』（L'œuvres Choisis de Fourier），刻早已絕版。（此書於一九三二年後復在巴黎印行）

我覺得很滿意，此生再能看到公意之轉變，記得前世紀的末年人們莫不責備傅氏是一個癡愚者，現在公意已漸漸底改變了。譬如拉荷波遼(Paul Leroy-Beaulieu)在最初著作中說到傅氏未免帶有輕視之意，到了最近的著作中則已推崇他是一個最有才幹的社會主義者了。我想本人能對於這種轉變不至於毫無關係，那是很榮幸的了。

第二節　合作社的先驅傅立葉

但上面所述一切理由，是不足以把傅氏當為一種合作課底特別題目講的，假如我不認他榮膺合作運動先驅的尊銜的話——這是指兩種最主要的合作方式而言：卽消費合作社和生產合作社。

此課題目課程表上所註明的是『合作的歷史和思想』論到歷史，我以為最好講述一班先驅者，他們都是合作運動之提倡者和先導者。我在此不單說消費合作社，卽生產合作社亦須說及，傅氏正供給我們兩者合為一談的機會。

其餘由我看來，則說明傅氏怎樣可成為合作運動中兩種制度底先驅。

首先傅氏應用觀察來做他一切制度的起點，而觀察是一樁『消費』的事體。他自己曾經在著作中告訴我們什麽是他社會思想的來源：我把下面有趣味的一頁讀給你們聽聽，從此你們就可見得傅立葉式的特性了。

『一般英傑之士，所能成功，大半出於偶然的。我本人在發明吸引的計算，也付相當的代價。一個蘋果對於我，等於牛頓一樣做一個計算南針。這個貴重的蘋果，在巴黎費福利飯館（Février）與我同席的旅客付費十四分（Sous）（一分爲五生丁）而我出身那個地方，蘋果是一樣的，且較好些，只需半簷（Demi-liard）就夠了，那末豈不是多百餘倍嗎？在氣候相似的地方，價錢卻如此不齊。我受了這個感動，遂使我開始懷疑產業機械內部根本底混亂，而引起我一些探討的興趣，由此使我在四年底就發明一批產業原理，隨又發明宇宙運動一些定律。

我想從此人類可以計算歷史上有四隻著名的蘋果了：兩隻不幸的『就是亞丹蘋果和伯黎的蘋果（Adamet Pâris）……另外兩個則致用於科學的，一即是牛頓的，另一隻即是我的，第四個著名蘋果，難道沒有歷史記載的價值嗎？』

此處正是消費者被剝削之一幕——如蘋果在出產處以某種價錢出賣，一轉賣給消費者，濕卒就貴了二十倍有餘，——消費者之被剝削，就是傅氏全體制度之出發點。

這正是各種合作運動的起點，至少關於消費社方面：（一）事實可證明消費者之被剝削，商品價格隨處都高於公道價格，即實際的價值。（二）由此引起人類應當設法改良現代社會經濟的組織，以糾正可廢除底缺點。

在傅氏這種抗議之中，有幾件東西委實是新的，因爲在他以前，歷史上所知道不斷的抗衡，不過是奴隸傭奴，和薪工制度下勞動者以及負債者反抗高利貸，但沒有消費者鳴不平的：——這點在傅氏以前，從來沒有人知道過的！雖則古代有幾件關於物價的要求，如羅馬時代以政府力量來干涉物價，限定不得過高，但消費者被剝削的觀念，和消費者被剝削，殆與工人被剝削一樣，咸成爲一個很重要的社會問題，這一種經濟組織上的觀察，是由傅氏所貢獻，而在經濟史上所佔的地位，也不算微小的了。此種反抗，對于有關係者，很有知道的價值，消費者本人毫不覺得被人剝削，他與工人不同，往往自己不知其所以然，所以須有解釋來開導他們，使其知道原來他們是不知不覺的。好了，有傅氏來提醒他們，促其開眼了，從這天起消費者們都能夠如謝立柯（Jéricho）瞎子一樣會說下面一句話：『我先前是瞎子，但此刻我看得見了！』

雖然，這些議論大足使我們傾倒，而傅立葉非徒斤斤於無效力之辨駁即自滿，他並已指出一個能使杜絕消費者被剝削的方法，他所指出是什麽方法呢？是否就是如古代用政府的力量來干涉物價過高，如中古時代常常可以在佈告上看到那種命令一樣嗎？不然，傅氏不願政府力量來干涉，他捨棄政府干涉的方法，只須讀他下面一句豪爽的話就可明瞭：『凡事有求於武力者，都易於破裂，且表示不智慧。』其實並不是撓住強力來摧殘消費者之剝削，這非要他們互相有關係的人自己努力不可。如消費者聯合起來生產他們自己所需要的東西，消費他們自己所出產的物品，一般消費者於是組成一個經濟世界，這個世界傅氏帶點蔑視的稱之爲一羣孤立者的文化（La civilisation des îlots）——幾個大家庭，每個家庭近四百戶，而組織一個所謂『潑藍斯頓』（Phalanstère）。這個字頗著名，但他所給它眞正名字卻是『農業家庭會社』（L'association domestique agricole）消費合作社和生產合作社，都包括在一起，互相嵌合，互相聯鎖，使結合成爲全體合作會社（L'association coopérative intégrale）。

誠然，我們認爲那一點就是一切合作運動之所要實現，且更進一步，因爲全體合作會社尚毫未實現，不過各部分有點成績能了，傅氏一生希望有一個慈善資本家來扶助他，實現他的全體合作社，因爲我曾經說過他的社會主義並不是一個工人的社會主義，如馬克司的那句名言：『勞動者的解放全靠工人自己本身的覺悟。』當時人們亦覺得此種社會主義的計劃很奇怪，尤其是傅氏者更鮮少聞。他的主義包括資產階級的人，非特認爲是社會改造的原動力，且不欲棄絕這階級將來所予之利益。他對於全體合作社的希望，不僅在實現工人界的幸福而已，但卻是爲全體人類。他底目的以爲在我們這種文化組織之下，無論富者與貧者都是不幸，亟需要來拯救！他說一句很可佩服的話：『文明的工業只能造成幸福的原子，但不是幸福的本身。』

我們沒有實現傅氏的全體合作社，即雙方面生產和消費的聯合，而不知道它是否有實現的可能性，不過說烏托邦的『潑藍斯頓』中分出二個不同的路來。一條是創造許多生產合作社；另一條則組成許多消費合作社。

第三節　傅立葉之先知先覺

傅氏在合作上所佔先驅的地位，我們從上面幾點已很足證明了。茲乘此介紹之際，我將把他百科學的著作拿來一瞥，並指明各種見地之不同，以便我們研究傅氏的制度。

第一，就是我剛纔所說的大家庭組織『潑藍斯頓』即集合消費集社，或爲食品，或爲居住，在我們看來，似乎經濟史上所謂原始工業時代的『家庭經濟』(L'économie domestique)的復活，但取其形式而施以現代化，並擴大之，也許能夠解決一些人們今天所討論幾個嚴重問題：如生活昂貴，居住恐慌。我們注意到，常常在消費組織上，傅立葉的思想對於消費之方式是最經濟的了。這眞奇怪，一個完全缺少科學思想的人，在某種情況之下，居然先感覺食物衛生之經驗——譬如以糖而論，豈不臨出常規嗎？那個時代被認爲孩童多吃是有害的，而他卻宣稱是食物之根基。

我們由家庭經濟問題中可尋出家僕問題，它雖對於工人界不發生任何利益，但對於中產階級卻有重大關係，尤其是在大戰時候，影響於新家庭問題非常嚴重，因爲它能使人口生產率低落；一旦中等階級家庭不肯多育孩子，那末新家庭將更缺乏了。所以傅氏在事實發生百年以前，已提到這個問題，而他所標榜的思想，都由家族演繹而來的。

假使我們由消費而說到生產方面，我們更覺得他的思想有點邪僻，也許太過分，因爲他的思想大部分帶有「烏托邦」狀態。先說分組生產，是由無數股來生產的，互相輪流不絕底出產，以供各部的需要。這種傅氏謂之「翩翩飛」(La Papillonne)。其次「寫意工作」(Le travail attrayant) 問題亦有同樣的意見。傅氏痛恨這種觀念，卽無論何國何時，工作往往被勞動者看做如同一個凶禍，此種情感如創世紀神話中所謂工作是受刑 (Travail-Châtiment)，用以科罰造孽者，但傅氏卻不採取誹難，並表明如它真的在現代的經濟組織變境，那末它在「和諧的世界」一定不同了。工作應當快活，這是可能的，將來不久就要變成快活了。他設計各式組織，都很平常，而卻能使目下的勞動如各種運動一般，都發生巨大興味。

傅氏在生產組織中，對於農業生產頗有相當之貢獻，而對工業生產卻很忽視。他最可惡工業主義化 (Industrialisme)。照某種情形而論，這也許是英人約翰陸斯金 (John Ruskin) 思想之先河。

經濟進化迄今尚未證實傅氏的觀察，或者也許沒有說出最後之階段，誠然因爲在我們這個時代，一切近代社會似乎被一種不可抵抗的力量所牽引而投入工業漩渦。到也有趣，傅氏居然堅忍不拔底反抗此種潮流。他願由農業方面而進化來代替，換言之，就是培養樹木和從事園藝，因爲在最近幾世紀以來，農業耕作的危機，並不下於工業。如佛爾太 (Voltaire) 哲學故事中有一個英雄凱地達 (Candide) 一樣，使人去開墾自己的園地，就是解決社會問題最後之一字了。

至於講到分配方面傅氏的制度亦令人尋味。我們可看到何種是合於合作條件，何種則否。他承認有財產權，有遺產權，有資本及有利息——甚至於有種利益在合作法規上從未說起過的，而他卽欲使之固定以成爲將來社會的關鍵。他承認社會環境及志趣不平等，從此觀之，他不是一個社會主義者，亦不是一個革命家。祇不過他不願有薪金制度，他認爲這是近代社會之一種災害。他指出某種方法可以廢除而代以資本、工作、技能三者合股財產制度(Un système de propriété co-associée entre le capital, le travail et le talent)。所得的利益，他指出一定的比例而分配於三個原子，資本方面並不過狹，這就是他欲實現生產合作社的一個制度。人們看來也許是新近法國法律一個先覺，卽所謂『勞工合資社』(La société à participation ouvrière)。

在廢除薪金制之際，傅先生尋出一種改良的制度，叫做保證主義(Le garantisme)卽我們今天所謂『社會保險』(Assurance sociale)以保障生命安全恰巧脗合的。

上面就是傅氏制度之三大部，也許你們從政治經濟學正統分類上已很熟悉了，不過大家想想，缺少一個：就是交易或商業。但傅氏把它廢去了，理由卻很簡單，事實上『潑蘆斯頓』是共同生活的，內部無發生交易之可能，正如在一個家庭之內，何須互相貿易。交換只能維持一個『潑蘆奇』與別個之間，如同國際貿易，或至少如鄉村交換一樣才是。

其餘傅氏有許多別種意見也有一述的價值：如關於教育、道德、和平、和國際聯盟，而後者他已經指出首都君士坦丁城，這似乎不是無理選擇，因爲此城在大戰時頗佔重要性的，另外許多問題，都在我們此課程範圍之外，姑不贅了。

最奇怪的就是傅氏所任用的方法，在這些重大的問題，而他進行的起點，卻非常平淡無奇。有人說他的觀察室和實驗室，就是一個廚房，他本人也如此說法，這點就是他能够在社會生活中各方面都會光明的起點。
他的狀態往往可笑，有時是粗心底唯物論者，幼稚狀如孩童之玩弄，然從這點看來，他卻包含將來先見之明。
我們從骨董店找來這些泥塑像，雖已被人打得碎不成體統，若視之固甚平淡無奇，而後面卻隱現着一種光，明而帶有神聖的影子。

第四節　傅氏之爲人及其一生

我不能就此結束而不略敍他的一點傳記，因爲往往很難引起人家的興趣，尤其是一個改造家，如果只知道他的著作而不明瞭其身事。

但傅氏的生命史，祇能作簡單的敍述，因爲他的腦筋如此充滿狂妄，生活很平凡，並缺少各種可記載的大事。連一點小小的冒險也未嘗經歷過。一七七二年生於裴桑松城——同是這個城，數年後就出了一個『蒲俄』和一個『蒲魯東』——當法國革命時，他已經十七歲了。他沒有參加那一部革命工作，似乎也不大注意，無疑地他對於革命的起事，他覺得不若他腦中所想像的問題那麽重大，他的著作裏面，很少有提起革命的事情。

他祇做夥計爲生，這就是他一生事業了。既沒有服役於大商店，那時也沒有此種組織發生，不過如他自己所謂『小店夥計』(Sergent de boutique)，手頭終日握住一把尺，替顧主量量尺寸，裁裁衣料而已。他住在里昂甚久，後來遷移到荷昂(Rouen)去，據他本人說，生平讀書的時間很少，受教育的機會尤缺乏，每年所得的薪俸，由一千法郎到一千五百法郎，雖然那時法郎的價格和此刻不同，但人們已可料到他生活之平常了。雖然如此，他終於有機會獲得一點小資產，遂得告退於巴黎，後來就在此處團着幾個信徒而與世長辭了。

他絕沒有矯飾一班古怪的行爲，藉以引起剛纔如我讀給你們聽的一段驚奇的話一樣；他永不會做浪漫的領袖。他是一個態度極端正小夥計，常常把全身刷得很整潔，戴上白色的領帶，人們可料想到他當時舉止是隨便的了。生活習慣頗有次序，每天紀記所寫文章的頁數；譬如「今天是耶穌獨祭日，我在書上寫二十頁到三十頁。」

既是一個極固執終身不娶者，生活非常有規例，傅氏所有的脾氣，與其說是老少年，毋寧說是老處女，其餘暇大都消遣於培植花卉，偶亦很喜歡參觀軍隊，每隨着軍樂隊而行，如同小孩的保姆，可是卻又恐怕戰爭。他雖永不會有孩童，卻又很愛他們，在他的著作中，有一大部分是提起的，但他所愛的條件，是要小孩不許做聲，和晚上一早即睡。

這種矛盾的生活，介於一面是中產階級，如此可敬做，和另一面思想卻又如此放蕩不羈，自然能够引起人們的好奇心而去研究這個奇才了。

【註一】布格雷『蒲魯東的社會哲學』(La sociologie de Proudhon)及『蒲魯東與我們時代』(Proudhon et notre temps)。

【註二】傅氏一八〇八年出版的『四種運動的原理』(Theorie des quartre mouvements)

【註三】四種運動原理第一百三十三頁。

【註四】此處更有一個較妙的預言：『他的主張(上帝的)或放寬途經麥及仁海峽，人們或取道蘇伊士及巴拿馬運河而航行巨船，遣般工程擬另外許多文明的進步，只不過供工業軍兒戲罷了。』

在同一冊書裏面，他已注意到女權論，那時距發明女權論百年之先，且在一個執拗未婚者筆下寫出來，毫未失去了門徑，他說：『婦女特權之擴張是社會各種進步之普通原理』(四種運動的原理第一百三十三頁)。

此外他極端肯定需要實現一個世界語——及另外一切。

第一章 『潑藍斯頓』和集合家庭

第一節 傅立葉對於消費貢獻之重要

大凡一班經濟學家，往往在他們著作中，特別重視『生產』，而對於消費，若不完全略去不提，卽篇幅中所佔地位亦很有限。傅氏卻和他們不同，絕對偏重於經濟學中的這一部，這所以我們爲什麼要讚擧他是消費合作社的先驅者了。

他所給與消費的重要之點，特別是在食物方面。這亦並不一定說是美食(Gourmandise)呀！眞的，他引用指明一個巧妙底名詞『胃哲學』(Gastrosophie)，若譯成希臘字，其意卽稱爲『胃之智敏』(La sagesse de l'estomac)。

傅氏『胃哲學』可視爲日下食物衛生的一個最重要底先示，人們都知道食物衛生已經成爲一大科學，對於個人和國家，頗有關係。雖然，傅氏的『胃哲學』卻不和現在人們所謂衛生完全相同。衛生學是一個嚴厲的科學，絲毫不含有美食的事，所注意者，不過是『加羅利』(Calories)(熱量)而已，測驗之使人知道何種食物包含幾何格蘭姆碳素，氮氣，或磷，以造成肌肉，並標明各項食物於一表，後者卻與白里沙佛林(Brillat-Savarin)氏所採用者不同；表中每格上面指明普通黃豆，扁豆和蠶豆，最後一格則爲有滋味的食品，如菌類，蛤與美酒等。

然傅氏『胃哲學』，卻不能由近代科學的意思去解釋，傅立葉毫不介意於食物衛生，在他那個時代，也不甚感覺，假如已經知道，他定是創造這句有名格言之第一人：『凡物有衛生卽無滋味。』他的胃哲學是含有完全滿足味覺的意思。

傅氏也從事於庖廚之事，在他的『潑藍斯頓』組織之中，他建設立一個於總區域(Grand quartier général)之內，即是和諸的中心。

照此有人或會說：這是一個缺乏一點理想主義的社會政綱罷！假如人們可以說馬克司社會主義從社會問題遞減到腹部問題，豈不是較傅立葉主義的理由更充足嗎？

實際上傅氏自己說着，並用強烈的表示，恕我描摹其殘暴性：『假設奴隸階級受制於鞭撻，自由的人民當受口的(Gueule)管理。』此種了解自由人民的管理，出諸一個社會主義者之口，似尙不及出諸凱撒(Cesar)口中之爲愈。

但欲知其肯定，必須知道事實上傅氏不是眞正一個被稱爲唯物論者，可是至少一個『不道德』之流而已。我曾把他這句很好的話唸過：『凡事受強制是搞不作的，而且表明缺乏才識』。但這種正大光明的抗議，不僅專注於物質，有形的，及政府的強制，同樣地也施於道德的強制。傅氏不欲任何強制，更不拘形式，或爲物質的抑爲道德的。蓋恐怕一般道德家們欲壓制人類的本性和情感。他不欲如此，卻願把人類之錯誤，即人類所謂壞的本性，據他的意見，並不是壞的本性，而卻是他命運的必然象徵，設法限制之，或抑制人類本性和情感，這是有損於上帝創造之功；因爲它既創造人類而給與情感，同時又禁止之，使其不能滿足，上帝創造之功動，那簡直白費了。

我姑不指示如何傅氏所說的上帝與耶穌的上帝或愛仿琪兒(L'Evangile)的上帝不很相似，反之，後者據基督及傳教者之語，宜稱老者必須殺去；這和愛仿琪兒一樣的表示。凡教會所稱原有的惡習，這正是自然人類的個性，而這點即傅氏叮囑我們應全部保做的，既放棄改變人類的觀念，反之卻確保一切情感之自由發展。若處現代經濟組織之下，此種情感往往有害，因為它不能適應環境，後者對於它是人工的，謬悖的；但這個環境非人類應改變之。一旦達到所謂和諧的環境（Milieu d'Harmonie），那末人類的本性和情感將會自由融樂無礙底普化於人類了。

由此觀之，有人說傅立葉與羅騷有直接關係，我們都知道羅騷曾指示人類自然的良善因受文化而敗壞假如傅氏是羅氏直接繼續者，那末他也是所謂無政府主義者了，後者在他們的思想上，也提出絕對相同的意見：人類自然良善，他們的情感是合法的，最需要能找得一個便利他們社會組織，俾得擴而光大之，以代替訓練和壓制。

介於人類一般本性之中，傅氏贊成它們自由發展，他所形容的情感，計有五種知覺——這種如心理的分類，不能無缺——而介于五種知覺或情感之間，他說有一個較其他不公平而被人所忽視的：這正是味覺人類對於各種知覺培植的比較，如視覺受藝術的陶薰，聽覺受音樂的培植，而味覺的培養卻那麼少！真有一個不可思議的缺點，所以此種『犧牲底知覺』，就是他將來直接應用於『潑藍斯頓』，全體社員的，亦即他認為五種知覺之中的最重要者，尤其在兒童時代，即宜開始培植。饕餮是兒童常犯之惡習，曾引起他們許多譴責，並且使他們慘酷底嘗着乾底麪包；反之因上帝的智慧纔賦與孩童以這種個性，以便指明此種知覺的重要，而建設未來的社會。

假使兒童都像母親或保姆一般，喜歡消磨時間於庖廚之下，那只聽他們自由罷了。他們也許較在小學校裏受教育還多，因在此環境之下，沒有一部分不增進五種知覺底發展，同時如像千種小手藝的學徒，豈僅草草剝荳而已嗎？

此種乖僻固屬可笑，但我們可以看到一種精密的思想存焉，即善於培植味覺，而實際上將產生效用的意義；我並不說專從廚房來培植，因爲關於這項法國常常佔據第一流，但卻從眞正經濟消費眼光而着想的。誠然，假如消費者詳細明白了，如現今所謂衛生，或傅氏的『胃哲學』，那末他們定能善於利用財富，不致大部分耗於浪費，並還可抵制商人的剝削和生產者物品的假飾。欲分辨貨品質料的好壞，這是不可忽視的法門，求其實現，非求助於消費合理的教育不可。

所以人們會說即在這些任意事之中，亦很有趣味的見解存在，但我所以常常特別提起者，便是消費的要旨，或者我可說傅氏藉此名聲爲之恢復。這是值得承認的，因爲這種討論並不完全無益，而是爲了互相尊重生產行爲和消費行爲的。

每個時代，一般經濟學者，甚至於社會主義者流，往往主張生產行爲絕對超越消費行爲，姑不論其從道德觀察，抑或從經濟立場而論。譬如上世紀有個英國人，他自己是一個大合作家，柳德路（Ludlow）就是這樣說：『我們時代裏面大的社會運動和民主運動如此有意義和有些價值，能夠高擧人類到如此尊敬的地位，都歸功於生產者，而消費則完全處與生產的附屬地位。消費原來是動物界的元素，生產卻是神界的元素；人類與下等生物共分第一種，反之後者卻和創造者共分。消費雖是目的高尚底職務，本身卻是一種自私自利的行爲，蓋由此行爲人類才結合一種東西。生產縱使尋求的目標爲自私自利，而本身則絕對公平的，因爲凡人之所以生產和勞動都是爲他人的。』

上面有人作此種很好的比較，你看裏面消費完全犧牲於生產之下了。

不對，我們抗議！我們不贊成消費有卑於生產，無論由經濟抑或由道德立場而論。從經濟方面講，消費或需要，它是唯一給與生產物以價值，而勞動不過是供給物質和形式罷了。再從道德方面來討論，眞的處於社會分工制度之下，誰也製造生產都是爲了別人，那末生產者是含有慈善爲目的了，當他勞動時，他確能想到供人之需要，飯店主人的職務是專爲饑者得以果腹嗎？裁縫司務是供給裸體者的衣服穿嗎？汽車夫代疲勞者步行的嗎？我們知道生產動機是爲謀利，而結果生產在目的和動機上是一個謀利行爲。至它所包括利他結果，卻離前面說者願望而獨立了。

另一方面講消費之所以配稱爲自私自利，即自己需要消費而不爲他人，同樣的消費並不是常常一個孤獨底行爲；人類頗難證明個人消費較有樂於獨自消遣。若使過到一個鄉人獨自酌酩於他的酒窖，或中產階級單身自奉於酒樓，這些消費行爲，常有遂於嘉賓觀念（Convivialité）。傅立葉曾說：『美食是智慧，光明，及社會調和（Les accords sociaux）的泉源。』消費行爲實際上幾乎必需包括社會解和，邀請，和接受之中。譬如有位英國人住在地球的他端，到了聖誕節那天，假如他不想到本國的布丁，家中的火雞，和聖誕樹，他用什麼來點綴此佳節呢？那末這種幻想是自私自利的嗎？

事實可證明，消費行爲本身毫沒有自私自利的觀念，如常常有許多委員，外交家，及生產家，在會議席上，或國際聯盟會中爭論至數日之久，他們再找不出其他更好底方法，只要一宴會就可和平了結！這種宴會不單是一個消費行爲，且常稱爲大家同心，尤其在大部分宗教裏面，特別是基督徒，是人與上帝共心的象徵，如聖體瞻禮（La St. Céne）。就是在野蠻人的社會裏施給糧食和食鹽便是慈善的表現，而由這種消費行爲言之，施給者就變成神聖了。

人們可由消費底歷史來表明，它是如何利他主義，其功遠超出生產之上，不若後者反使人類分成互相競爭，造成人類戰爭的一種。

巴斯蠟（Bastiat）曾說過：『如果欲使人道完善，這並不是歸生產者道德化，但卻在乎消費者的了。』

更有進者，消費並不單是一個食物方面，如傅立葉所稱爲美食，此意義過狹，其他尚有別種消費形式，譬如梳裝，你想這是一樁自私自利的行爲嗎？你可問無論那位女子，當她打扮很漂亮時，是否爲她個人的。她定會大發雷霆！

這所以爲什麽傅氏恢復消費，而肯遇幾種有點粗俗的矛盾，雖然，我們會知道他有意思存焉。換一句說，欲達到了改變社會組織的門徑，即消費底組織罷了。

第二節　『潑盧斯頓』的組織

現在我們要知道怎樣組織此種消費了。自然須去尋求那種能够滿足味覺，及很經濟的辦法來組織，這就是由結社來集合消費。此種所指的方法，在我們現在看來既不新奇亦不是新發現正因爲早經實踐實現，但在傅氏竭力主張之際，這個方法尚未通行。

傅立葉曾指示消費在各社會的組織中，即在分居家庭(Ménages séparés)之內是如何底濫用和浪費。他不斷地向這一項討論；他說：『人們如看到大消費社所生的利益，定要大吃一驚。不說別的，單就燃料一項而論，已經如此缺少和昂貴了！（他那個時代已如此）這很顯然在集社制度之下灶廚中所用的柴薪，豈不是較現在我們所處的小家庭制度儉省八分之七嗎？』

這不僅如他所說煤的浪費一個例子，還有購買時間的損失，如果自己是一個管理家務的女人，她須跑到街上購取，或者倘使是一個中等家庭，那末差一個家僕去買，我們計算每日購買食物的時間，需幾百萬小時，來來往往，尤其是那一班鄉人，他們每人至少一星期中由鄉村趕到城裏市場一次，來了總要化一天的光陰於車馬馳驅之中，這些都可代表一個可怖數目底時間與工作的損失。

我們大家都已知道，即在傅氏以前，人家也均明瞭；公共家庭(Ménage en Commun)可節省許多生活費，例如營房公共寄宿舍，國立學校，公立醫院，修道院，及村莊等。人們常從剛纔說那些集合家庭要去計算一個人食物方面消耗多少，經濟一半，或三分之二，而用各項數字來表明。如工作經濟，食物經濟，燃料經濟等等。傅氏謹慎底精神，很善於這種家務的計算。

傅立葉說消費組織若取集合形式，全部就可經濟十分之七，這也許說得太過一點，但經濟的事實是無可諱言的。

這種能實現共同消費的集社，他稱之為農業家庭會社（L'Association Domestique Agricole）；家庭（Domestique）這個字從字源學說起來就是房子（Maison）家庭（Ménage）。但為了給此集社一個很深印象的名字，起見他稱為『潑藍奇』（Phalange）係紀念馬其頓的軍隊，但無疑地有志進行於反抗文化的傅氏採取如此一個奇特名詞，對其思想之傳播，不無影響，但同時社會上卻認為有極惡魔底幻想，其實『潑藍奇』這個東西，假使它已經實現，不過完全是一個生產和消費的合作社罷了。

這個會社究竟要多少社員才可組織呢？若有結社底科學，那末應有一個特別適當的數目，以便達其目的，即人們所謂一個挑選的數目：勿過少，少則預計的經濟將不能實現；勿過多，多則太擴張，即蹈聚合種種之不便，浪費，滲漏，和不易監督，都是擴大損失的原因。人們知道在生產方面，如開設許多企業都有厚利可圖，同樣地不能超過某一點。這是常見的事實，例如一班大商店合作社也是如此，自然集合生產與共同消費相等的。

那末多少數目呢？我們很難於決定，因為我們沒有科學底方法，用數學來解決社會適中問題，但傅氏無疑地，且不假思索底終給我們定奪下來了。這個數目共一千六百二十人，容納的人數可以伸縮至少四百人，故多不能超出二千人，但最適中的數目是一千六百二十人，為什麼呢？這兒傅氏的狂性更為顯著；他說因為要在每個『潑藍奇』之中，結合各種性質不同的一班人，這正是此種不同的性質，才可引起和諧；他說：『事實上一班同性質的人，常較一班脾氣不同者易於爭吵，不僅氣質分離，但社會情形，財產，年齡，理論和實際的知識也都如此，社員的才幹和性情愈有長短，他們也更容易和諧。是的，但一切都未說到爲什麽採用一千六百二十這個數目呢？這因爲傅立葉已知各種性情及各種參雜發生的性格，確定人類有八百十種不同的性質，假欲『潑藍奇』完全，那末正要八百十個社員，但爲了救濟缺少的危險起見，每個社員應當雙倍而有個代替者，這正需要一千六百二十人來組織。若借喻說之，可稱爲音樂隊（L'Orchestre）係來表現音樂，使『潑藍奇』裏面發生愛美的調和。

至於『潑藍斯頓』中人口底選擇，須根據下列規則：（一）贊成兒童少底家庭；（二）容納三分之一抱獨身主義者；（三）羅致性質怪癖者；（四）依年紀及財產而編成階級。

偏愛少育兒童底家庭！你看傅氏有巴黎守門者的態度，或者毋寧說是房東的意思，給予門房這種可惡的禁令。

這一千六百二十人差不多代表四百戶，我所說差不多者，就是因爲沒有別的不過家庭罷了。獨身者很多，你總想得到傅氏終身是一個執拗的獨身者，當不致置他們於『潑藍奇』之外；他計算需三分之一，這眞的很多的了，至少是爲公共團體一般家庭的安寧罷。

現在要說關於這個殖民底安排居住和收穫了，用以安置家庭集社的建築，他稱爲『潑藍斯頓』，這個名詞已負盛名，一大部分的人每每單看這個字就會知道是傅立葉底主義，但此種名詞也許常易與修道院混淆，或者引起共產殖民地（Colonie communiste）錯誤的觀念。

『潑藍斯頓』包括一塊很大的土地，幾等於二千頃（Hectares）由一千六百人平分，每人約占一頃左右，差不多與法國人口密度相等，全法國人口約四千萬，共有五千五百萬頃土地。（每立方基羅米突七十二人）

傅氏對於味覺特別注意，對其他知覺亦並不歧視，尤其是愛美觀念，他要「潑藍斯頓」有個優美的環境他說：「一個平原絕不便利的，必須找到一塊地方如在洛桑（Lausanne）近郊，或則至少需要美麗底山谷有潺潺底流水，和幽鬱底叢林，如像不魯捨爾山谷（La vallée de Bruxelles）一樣。他檢到別處亦有個好風景地方，位於巴黎附近在卜洼西（Poissy）和貢佛郎（Conflans）之間，這兒既有泉水，更綴有茂林。」

傅立葉不厭求詳底敘述「潑藍斯頓」和他的社會宮底經營；這是八十年後才實現一個新名詞，就是田園市。社會宮底中部，係休息間，圖書館，讀書室，談話室，上面架一個塔，就等於天文台，兩翼離工廠和兒童遊藝室有一段距離，以免居者受喧鬧。有個特別廳叫做招待室（Caravansérail）係拿來接待旅客的。

據傅立葉說，從這個宮看來，巴黎的皇宮（Palais-Royal）可說建築方面亦有欠缺之處；它非特在樓下築有迴廊，並且每層間可由此部達於彼部。他說永遠夢想不到，文化會完成一個所謂氣候的包封，藉此我們才永久和它常常接觸，這在「潑藍斯頓」就可成為事實，只要各院天井和走廊裝以玻璃，冬天置設火爐，那末人們就可專務其職，而毋須改變其氣候了。桌子自然勿要忘記，據我所說傅氏的一切，你須知道這是很重要之一點，人們決不肯一起用着大碗用膳，總共不下有七張桌子，菜單各不相同，其中五張，卻照社員的財源而價格遞減，除此而外，一張是為了小孩，還有一張卻為旅客而設的。卽在此五種檯子上的菜單，其烹調之精細，較現今烹調有過之而無不及，菜單上寫明三十到四十種菜，每日變換，各位可擇其合於胃口者吃之，如在飯館或小吃店毫無兩樣。

這種「潑藍斯頓」底計劃，很足以免掉一般料想傅氏是一個共產黨員的錯誤。若照傅氏見地實現了，你對「潑藍斯頓」的觀念不是絕對至少總有點覺得，等於旅行各名勝處的大旅館，如住皇宮旅館（Palace Hotel）。盤桓幾天而已。這偉大底建築有幾百間房間和幾百部（Appartment）價錢不一律，廣寬底食堂，裏面擺着許多小的檯子，但各室亦可自備任用，毫沒有其他共產主義，不過設置某種公衆物罷了，如讀書室，音樂室，戲院，及遊藝，此外還有網球，和『哥爾夫』球。

介居皇宮旅舍和傅氏社會宮之間，有一個很重要不同之點，即前者只接待那班人，我不說有相等的財產，但社會上底地位，總大約相彷彿的。這所以有各種不同的旅舍，註明於旅行指南中，但每級旅舍的價錢，大都無大軒輊，膳費也差不多相等，招待也相彷彿，各位旅客可隨意選擇居住，然照傅氏所發表的寶貴意見，『潑藍斯頓』底主要計劃，是結合各種社會階級於一堂，富者和貧者聯在一起，因爲這點他就預見應有幾個不同階級用膳桌如輪船中一樣。

第三節　家庭職務

這個問題對於學生和工人不會引起若何興味，但卻爲一般中等階級所注意。今天早晨，我在『小巴黎人』報上看到一格標題：『家僕底恐慌延久而益厲。』是的，傅氏早已注意及此了。我前曾提起過，傅立葉並非特別注意於工人；他是一個小『布爾局窪』，所以他常常想念到中產階級底生活在『潑藍斯頓』裏施行。這很奇怪，在一世紀以前，家僕的恐慌向未發現，而他已先見了。

家僕底產生是一樁很有社會學與趣底事體，人們可說這是分成社會爲二個階級底標準：『布爾局窪』和無產階級。『布爾局窪』這個字原是法文，它環繞地球而流入俄國底『鮑爾希維克』主義裏面去，人們怎樣認識是『布爾局窪』呢？

這並不在乎衣服，因爲一切工人都着得和中產階級一樣，女工穿的大都是絲襪子。也並不在乎教育，因爲有些工人所受的教育與中產者相等或有過之而無不及。但這個標準，即中等家庭裏面至少有個僕役；（我並不說那般住在公共宿舍裏的獨身者）當他沒有時，祇好由妻子來管理。工人的家庭達到某種舒服程度，女子立刻就要求她的丈夫僱用一個僕人。所以由僕人才劃分成了階級，但目下恐慌形成，近代家庭漸漸底不易於覓得僕人。僕人第一個形式就是奴隸（L'esclavage）後來到了封建制度之下，佔了大部分的人口。古羅馬貴族常有幾千奴隸供其差遣，際中世紀時代，即截至一七八九年法國革命時期，富者有數十奴僕，有時幾百傭人。蕭哇臾公爵夫人（La Duchesse de Choiseul）在她的『回憶錄』中述她只不過三百奴僕，她以前倒有五百個。這不過千百中的一個例子。凡大致保存貴族階級底一般國家，僕人仍是無數，譬如英國許多英國大家庭，至少截至戰前爲止——因爲從那時起情形就大變更——若不是幾百，至少二十位左右。同樣情形尙流行於殖民地，那處歐人若不僱有一打黃色或黑色孩童僕人在他底家裏，就不足顯示他的闊綽。

但假如我們把僕人底人口合在一起，如戶口調查統計之指示，那末我們可看到數目非常特別；請看下面幾個：

毋需推求過遠，因爲恐有錯誤，在一千八百八十一年，距今不過是四十年，那時法國共有傭人一百十五萬六千人，結果在一百萬人以上，其中三十四萬四千是男子，八十一萬二千是女子；這兒可代表百分之三以上的人口。

一千九百十一年，大戰的前夜，僕人的數目跌至七十一萬四千人，即少於百分之二，或人口的一·八%：你看在三十年當中，傭人的百分率就幾乎跌至一半。假使我們把性別來分析一下，遞減率更形明白；男子由三十四萬四千人跌到七萬七千人，減少了四分之三以上（78%）女子遞減較少，由八十一萬二千人跌至六十三萬七千人，或即是減少百分之二十二。但在法國，一九一一年人數爲千分之十八，如我剛纔說過，英國係千分之四十六，你看兩國大不相同。

什麽理由會使傭工人數遞減呢？這因爲有些原因，先前把大多數男子和女子驅去找尋這種工作——傭役——漸漸底一個個消失，而爲有些相反的力量取而代之。姑容我們把大略敍述一下：

（一）以前是沒有方法來維持一個女子的生活；差不多沒有一項職業是適宜於她們的，而在實業界方面能服務職業只有幾種，她們所得底報酬非常低劣。自然她們要朝這方面……家庭服役去尋出路了。特別是鄉村底女子，在田地上操艱難而困苦底工作，自然易於引誘跑到大城市裏來謀生，在中產家庭裏面做點輕而容易的工作。

但此種吸引力隨着婦女的職業漸漸地增加，而一天天底減少，你知道自從大戰以還，女界方面開闢許多新門路；差不多各種男子工作，都變成容納女工，同時婦女的薪金也大大底增加。

婦女操作於工廠，或其他職業，譬如打字之類，所獲的酬金當然較服務於家庭中爲佳。眞的，依照立法看來，家僕的薪俸增加了，而且加到以前的三倍。

（二）第二個原因便是自立和平等『賓姆克拉西』的感覺。從前一個人去做差使或他人的僕役是毫不覺得羞恥的，僕役（Valet）這個字在我們現代說起來不甚好聽，在中世紀時代，人家稱僕役是服役於貴族階級的人，是一個很光榮底銜頭。即在不久底路易十四時代，凡是在闊人的家裏服役，穿着制服，如人們稱他爲顏色者（Couleurs）他的兵士，都是一個榮耀底銜頭。現在人們卻有反對服役於一個主人的觀念，不過仍工作於實業界但不是服役個人底職務。

一個人至少除出他職業而外，當自由任用他的時間，但一個家僕底生活，男子或婦人，一早起來即聽主人的命令——清早就要起牀——直做到深晚爲止——他又睡得頗遲——幾乎沒有一刹是空閒的自活無能，所以只有幾個鐘頭安息。這種生活似乎無理說它是厭煩的。以前所以不如此感覺者，正因爲傭人和他的主人生活在一起，如同家人共分甘苦，如同司高塔或狄根小說中奴僕服侍英雄一樣。假如有人說他，你應獨立謀生，他不甚明瞭，或者大發雷霆。（註一）

（三）第三個原因是事實，即家庭職務備極辛苦，爲什麼會如此辛苦呢？正因爲傭人很少。以前家庭裏面，僕人很多，箇箇沒有多大的事體可做；那是一種寄生蟲的生活，乃到了今日，有的亦不過是二三個，或僅有一個，僕如人們所謂『全做底傭婦』（La bonne à toutfaire），據人家說這個職務委實很痛苦；不是八小時，但每日由十七到十八小時！加以食料常常不足，且是主人吃過所留下來的，住的是高樓或幽狹底房間，夏間悶熱，冬天嚴寒，照料許多人洗盥非常困難。從前這是沒有的。一般家僕——他們不願再擬上這個名字，但稱傭工（Employé）——曾立定一個大綱去要求：每星期須一日自由，每晚（六時以後）休息，應有權招待朋友和拜訪親戚，有時當可應用浴室，或玩鋼琴。此種要求對於我們似乎謬悖而可笑，但若觀察仔細一點，卻很有理由。它們不久有一天定個個會實現的。

家僕制度在社會學的境地上頗有害於兩造，奴婢與主人。第一和家庭制度，生產率便不能相容的。在一個人口缺乏的國家，人們不應忽視，凡是一個人一旦就事，便將不生育小孩了；最壞的事便是讓青年女子廝混於高樓，或者和主人通姦，遂使使女負了無數打胎及殺嬰孩底責任。她並不較男子有道德；歷來有許多關於奴婢底瑕疵給人無數的笑柄；如李賽德（Lisette）和佛龍丹（Fronten）就是明顯的事實。不僅有互相的壞處，且中產家庭一切不道德的景況，僕人也都知道，而且做一些榜樣，怎麼僕人還不沾染呢？奴婢制對於主人毫無好處；這很可以從想到孩童們常和他們的乳母消耗時間於庖廚之下，他們學得到什麼好榜樣，聽到什麼故事，他看到什麼書和圖啦。

對於這種社會底病態有什麽解決方策呢？

第一個解決方法，我暫不敍述，因爲它不是解決而是糾正，此非特不能減輕缺點，恐還變本加厲，這就是任用一班外國人或殖民地土人爲奴僕。其實講到外國人，在幾個國家，特別在外面來者底國家裏面，如我剛纔所說的情感，自立的精神，不站在同一程度。戰前人們常常傭用德國底女僕役，（小說中發生許多不雅底趣戲）有時常用意大利女子爲乳母。自歐戰以還，此種數目已漸停止，但人們已使用殖民地的土人了。這一種特別工作業已辦理成就，卽由哥得魯卜（Goudeloupe）和馬丁尼加（Martinique）喚進女僕來，此舉很有相當成效。假若黑人不善於做僕役，安南人總很可合他們的胃口，他們底舉止和善與溫柔，做各種工作亦都很敏捷。

另外有個較激烈的解決方策，便是廢除僕役。人們很容易可毋需用它，並毫不感到痛苦。

新近剛纔出版一本英文書名詞帶點提倡性的：『幸福底生活，無奴僕底生活。』我個人認識一批高等教育中底教授，自歐戰以後，他們就沒有僕人；丈夫一早到市場上去，妻子和女兒擔任烹飪事務，雖然，他們對於客人來往的應酬，無不麻煩。但教授還可善於利用時間，每晨可消磨一二小時於市上，同樣家中的母親有了許多孩子者，亦可善用其時於烹飪方面。照此說來，那很危險了，假如青年夫婦都放棄一切僕人，有人更要說這是少育兒童最強固底理由了！

廢止僕役是一個過於簡單的解決方法；最好去尋求一些方法來改良它才是。我主張家庭事務工業化（Industrialisation des services domestique）的方法，人們至少可把僕役問題解決一半，此種工業化可由兩種不同底形式來實現：

第一，卽人們可稱爲家庭事務底移殖；卽一種事務委託外面專務人去辦理，以代替自己家中操作，這是由最古而綿延不絕底進化下來。你難道不看見許多家庭事務離開家庭而變成工業職務嗎？如洗衣店人們並不在家裏洗濯；同樣底如糕餅店糖果店豬肉店它們從前都自己在家裏做的。我在兒童時代常參加其間，覺得是一樁最快活的事體。還有其他許多家務也都轉到職業和工業手中去：如灑掃，和地板擦油或洗濯，人們常可看到這種機器往來於巴黎路上。

第二種家庭事務工業化的形式，即毋需藉外面的供給者，只應用無數精巧的機器自動底執行一切事務，如洗衣，燈光，熱氣，預備食物，熱水浴，洗器具等等。

如今每年舉行家具展覽會，恐使傅立葉開之而甚快樂。但傅氏自己所提議的是那一種解決方法呢？他主張以公共的職務來代替個人底職務。這是我們剛纔所說他的一切制度必然的結果，即以集合底家庭來代替個人家庭，此並非取消僕役制——如旅館內有許多僕役——但那兒給他一種非屬於人（Impersonal）的性質，使人易於接受，且有獨立性質。美國到了暑假便有一大批學生去服役於旅館，藉資生活，而他們不充接受房間聽差底位置。下面是傅氏所說的一段：

「在「和諧」裏面（即潑藍斯頓）沒有一個社員執行個人的僕役；即雖最窮苦者，約有五十的僕人不斷地供其差遣……在一個「潑藍奇」裏面家務是由各組輪流變換工作來管理的，如其他職務一樣。……服役於集合下底「潑藍奇」等於服務上帝……無財產者看到一批人服役於他，如奉侍一個太子一樣，因爲這役人者絕不給薪於一班服務人。一個服役者，假如他接受了旁人無償的服役，而不服役於人就會受恥辱底由組中辭退。」後者的特點就是明顯地把我們移到別有天地，及我們所知道的世界，如果傅氏底先見誠如許多其他一樣能實現，那不必待諸異日了。

雖然此種解決底具有真正人道意義，是值得讚美的，而傅氏藉此以尊重傭役制，取消奴隸性質，由互助服務以改革之。

第四節　傅立葉對於公共生活的心理之錯誤

傅氏自然料到有人反對而作很有根據之批評:即在『滲藍斯頓』裏面家庭生活將會廢止。所以即使將『定時會食』(Table d'hôte)底生活組織很經濟,可是大多數人仍不視爲理想中的幸福生活。——傅氏回答凡家中的父親雖目下覺得和妻子及孩子們聚餐頗形愉快,『當他看了兩天「和諧社」底建築,他就願和「神通會」(Comité Cabalistique)就食一起,而將遣送其妻子和兒女回原籍——在後者方面呢,不要別的,只要放棄跳出家庭無味底用膳了。』

但這些都是老獨身底見解,而經驗卻未能證實。反之傅氏底理想是等於一個蜜蜂窠,但人類的理想不是蜂窠而卻是鳥巢!有了他的巢,每幢房子變成爲一個巢,那種見解與傅氏的完全不同。

經濟並不是人生底唯一目的。人類最有價值底目的是獨立,而我說即使善於社交底人,都有離羣孤獨之可能性。人類有一種永久混雜的恐怖,即在一個家庭之內每人應需要這種孤獨。在中產階級裏面,婦人有個小廳,男子有他的辦公室,孩子們也有他們底遊藝室。而在勞動階級是一種很悽慘的生活,他們無能力去隔離,不得已只好時時和他的女人及兒女等混雜一起。這就是他們爲什麽要跑上咖啡店和酒館的理由。

傅氏說在他的『滲藍斯頓』裏面無疑底不社交者亦能辦得到,全與分離底生活,各人據有他們客廳,並在自己的房間裏用膳——等於富者住在一般大旅館中一樣。那末什麽地方有和諧呢?因爲假如不過是幾個人享離居底生活,這些貴族式將會不受人歡迎——而假如全體一樣做法,那末『滲藍斯頓』有何好處呢?

人類是社會動物，但這並不是一種羣集動物（Animal grégaire），羣獸一羣行動；或者德國人或俄國人方面，傅氏制度也許有好底成功，但在法國和英國則不然！我又給你幾個證明。

自從這幾年以來，在一般旅館裏面『定時會食』制度已不存在，而以小檯子用膳來代替了；就是說旅客，亦都已厭倦公共用膳桌。當一般人旅行鄉間之際，幾星期中用膳均夾在很狹兩個賓客之間，每個都感覺不十分舒適。這所以一般旅館主人無論對於全家旅客，或不帶家眷者均分檯用膳。

還有其他例子。你只要看在火車裏面每位都欲找得一個獨坐底位置——竭力說着謊話『位置沒有了』。——以阻止別人參入此種孤獨底志趣。在中產階級尤特別顯著，因為在一班普通人至少向具有聯帶底感情。我剛纔所說車裏事實，你總有經驗，在三等車中，即使位置已坐滿了，人家招呼好得多，旅客亦較頭二等比較溫和而客氣些。然而在他的『潑藍斯頓』裏面，傅氏宣稱卻需要許多底中產階級！

還有一個例子對學生很引興味的：即在法國人們嘗試到不易處置一般學生做寄宿生，雖付了很昂的價錢，也是困難。如在外國各家都會接待的；而在法國恐難覓得一個家庭允許一班學生房客共膳呢。所以從這方面看來，傅氏完全忽視人類心理進化底傾向，至少在他的本國是如此的。

同樣底如田園市鎮（Cité-jardin）中間一個大建築以作聚集之地，此種理想現已經廢除，而代一種分室底制度了。它並不似舊式制度的醫院，是一間大廈。在前世紀人們都讚美此種建築，沒有採取臨間底別墅來代替。新底制度是很明顯底不甚經濟，但是很衛生，很美觀，且比較舒服，而從各方面看來，卻有無限底優點。至於從清潔上說來，這個大衆聚集的制度，實合時宜。

但須知道在傅氏那個時代，人們都不知道這種細菌：它們一樣底被殺死，但人們對它恐怕忽略，而或者不和這些厭物同活，是一種特權。傅氏毫不關心於此，解說房屋不衛生的設備，是連玻璃窗底天井，和溫氣，在這種裏面似乎尚有缺乏者，便是最需要的東西：新鮮空氣。

第五節　實現集合家庭底一番試驗

上面所說是證明傅氏一切心理的錯誤，而關於向『潑藍斯頓』制度的進化，卻未阻止傅氏先見之明，且似乎漸趨實現但絕不如傅氏所理想說人們如赴紀念會一樣受一種情感吸引。不然，僅是經濟底需要，強使人類情願去尋覓最經濟生活底形式罷了。

這很明顯底，經濟的變遷決定由自然而趨向『潑藍斯頓』制度的道路上去。

第一，就是關於住宅問題，將漸漸發生困難。戰前家庭居住底困難已成為大問題，到了戰後，此種困難更趨嚴重化。我很希望，所有恐慌從目下起在幾年之後，可以減輕，但即雖有人造得很夠的房子，還不要奢望：因住宅開支較前無限底加重了。戰前，人們計算合理底租金佔進款六分之一或七分之一；英國也是如此，人們一天底薪俸可付一星期的租金。這個比例，假如你把它變成百分之十六，當然超過許多，而自今以後租金約佔全體消費預算表中三分之一，是毫不足怪的。租金既如此其重，即舒服階級也將竭力去約縮，何況一般新家庭，它們尚未有良好的境況呢！

第二個原因，它推向『潑藍斯頓』制度道路上去的，就是女權論（Féminisme）。其意就是婦女漸漸底到外面去工作，如工廠裏面，店鋪裏面，或其他無數可就的職業。她們再也不會伏處家裏去盡職於從來稱為女性生活中心的職務處理家事。

那末，人們所稱為這個好底法國名字"Foyer"，英國名字"Home"將變成怎樣了呢？它會永久廢去了，不僅在物質意義上是如此，即在文字表面意義亦然，蓋女子既常常出外，而丈夫更有充分底理由，男人都去尋覺團體生活，那更多一藉口，再不能過家庭生活了。

誠然，對於一般中產階級妻子固不必需要常常離開家庭去謀生，但關於她們卻有一個別種不可忽視的原因，便是將來料理家庭底僕役不易覓得。這點我們已在上面講過了。

這便是破壞家庭生活三個理由，傅立葉認爲這樣的家庭生活是可惡的，應代以團體生活才是。

無論如何，許多事實已表明這些力量已有相當的成功。傅氏早經在他的書上指明加入俱樂部底重要；他業已證明一般俱樂部或遊藝場的應當存在，男子或婦人，『他們可以拋棄乏味晚上底家庭生活，而得進價廉底跳舞會，遊藝室，閱書室，每種消遣既經濟而又省力。』自從傅氏著述後百年以來，一般俱樂部均大發展，至今日而益臻繁多。大城市：如倫敦，俱樂部變成富人獨身者一個眞正的家庭；他們可由那兒轉信，可寫信，他們可以用膳，有時還可以居住。至於青年佳耦，我們看美國就是——一切原因，就是我剛纔所說的，房租奇昂，而特別是缺少僕奴情形，較他國爲尤甚——所以旅館生活成爲新立家庭的一種需要。他們住在旅館裏，常常處了許多年，迄等到他們有充分能力去得到一幢房子爲止。我曾經遇到美國一些富的老處女，她們從不住在家裏的，但消磨生活於旅行瑞士，意大利，由一個旅舍換到別個旅館，每個旅館至少住一個月，藉此可便宜一點房金；這較她們租了房子器具，及雇僕役經濟得多了。法國目下許多少年佳耦都租住有木器設備的房子，或同住於夫婦底父母家庭。

另外有一個『潑藍斯頓』進化底形式；可以在出租屋中看得出來，凡是有十二到二十幾間的大房子，就可辦集合底事務。有幾種事務爲房客共同需要的，如門房，熱汽管，升降機，電話，這都有關於各部分房子的。但還有比這裏更好的；戰前已是如此了，譬如在巴黎『練兵場區』(Le quartier du Champ-de-Mars)，幾座出租底房子裏面建築了客廳，以備全數房客開跳舞會或宴會之用；每位在星期底某一天有權享用或按名輪洗登記，同樣底彈子房亦如此分配。這些設備，假如每間都設一個，那是耗費不小，而且落得可省一點錢的。普通一般房子，特別是在外省，卽巴黎也有如此的，置有一個客堂，只在隆重的大事才肯開放，最多每星期底不過一天罷！它很黑暗，木器全以布來蓋遮住，並不准小孩們進去。這種用一剎息間底地方，對他們毫無用處，而許多人，卻又缺少這種東西。

這些集合職務，亦設置於勞工住室裏面。在廉價建築社 (Les sociátás d'habitation à bon marché)，所造底田園市裏面有幾個房間——洗衣場，漂白室，有時當作兒童遊藝室——它歸全體房客公用的。我在巴黎二十區曾看見一幢這種房子，屋頂建有一塊很大的場子，如東方底房子一樣，它是供全體房客曬衣服和乘風涼之用。

眞奇怪，爲什麽我們建築許多房子，而尙不設一公共廚房供各家用呢？這也是如客廳一樣另外一種經濟辦法，因爲不惟可經濟一個房間，且可節省廚房一切費用。此並非細小之事。很明顯的，凡各家共用一個廚房，豈不等於一個美麗精幹底女廚子 (Cordon bleu)，較僱用一打左右的笨拙醜婦 (Maritorne)，撙節多了嗎。假使人們不喜歡公用的菜單，各旅客可預定他的膳食，到了用膳底時候，各種食品可用保熱器帶到它們的住室裏來。此舉不但大可節省廚子底薪金，且很經濟於消費。卽不至如傅氏的『潑盪斯頓』裏面一樣的公共用膳廳，人們當然可實現許多經濟地方——如人工經濟，煤炭經濟，購買東西亦可節省。房東有這種經驗，對於租屋，將決不會發生困難的。(註二)

但我們把傅氏底卓見縮小，不再提公共廚房，人們仍可以在如巴黎一樣的大城市裏面將各房客組織一個合作社，換句話說，藉此他們可合夥購買煤炭，木柴，並設一公共給養處，以修理各部底房子——油漆，電氣，包鉛等——房客若單獨底去僱包鉛匠，或電氣匠，耗費奇昂，如果全由公共給養處辦理一切需要時，只須寫信關照，可減少許多麻煩。末了，假使房客不能實現一個合作社，那末總可以互相之間組織一種團體，我將名爲『生的甲』(Syndicat)它不一定以某種物事或某種職務歸公共給養爲目的，不過如『生的甲』社員一樣，以保護房客公共之利益爲主旨。此種性質底會社可收很大的效果。

在幾個月前進步雜誌(Le progrès civique)有一篇文章，正是討論這個問題，著作者是佛勞君(M. Valot)，說了許多非常充分的理由。文中所述的是房客團體和房東或門房交涉的事體。在巴黎底大房子中人們同屋住了十年，尙不能互相認得，即名字也都不知道，若不是在升降機上遇到或房客出喪之日，簡直看也看不到！結果一般房客自謀其私，絕對聽房東自由宰割，最可惡的，門房也橫暴而無禮貌。

但人們毫不起來反抗事實證明完全與傅氏想像所背馳，每位先生(M. Tout-le-Monde)絕對反抗社會聯帶的一切情感，而保留不變的個人主義。

當歐戰之時，有幾種困難發生之際，我自己曾試驗過，在我住的屋內，共有十二位房客，組織一個團體和房東去交涉一切；凡資格最老的房客，就有主席的資格。我曾指明凡房客『生的甲』一組織之後，新進來的房客都要向它去問訊。現在呢，有一間房子空的時候，新房客來了，從沒有向老資格的房客問敎；人們只照門房怎樣說便怎樣擺佈。假如有了一個組織底房客『生的甲』，人們就可問訊，並可知道房東是好壞，門房是否客氣，升降機動否，熱氣管溫度合宜否等等。

你看這樣的『生的甲』代表多麽有力量！房東和它感情很好，那自然會有很大的好處，因爲不是如此，他就不能再租出各部房子了！每次有一幢房子空下來，『生的甲』就向租客說：『此地來住罷！』

我同住底一班房客都回答說，這是一個很妙底意思——但終於無人起來贊助進行。

此處還要注意如我剛纔所說一樣，社交本能在勞動階級裏面比較中產階級發達得多；在貧民區裏面，勞動宿舍之中，不單是十幾位房客，有時數目五十或一百，他們統都認識而且互助的。

在英國底大工業城市裏面有所謂『鄰閭社』（Association de voisin）不僅是一座房子，但包括一批房子內的全部住民。一般小的幫忙很發達，常常是在勞動階級，一到了困難的日子，各家就互相幫忙，有時誰生了病，鄰舍就來把他料理家務，和替他看護小孩。

在傅氏意思，自然不可爭辯的表現一種改進，但需要是快樂抑還是看見一種進步呢？

在我們看來，它示給我們的情感不能免掉悲觀。而我們更受它所包含嚴重結果底打擊。我剛纔所說一般青年夫婦，他們都願消磨最寶貴的青春於旅館之內，而卻在最慘苦情形中去組織一個家庭。就是一般有特權階級而論，他們總算有方法租到一部房子，假如一般家庭的老房子都變成各種『潑藍斯頓』，每位不過祇在裏面暫住而已，如像旅客在旅舍一樣，這種生活，從前認爲需要大代價，此時卻可除免，其對於人類的幸福及社會好處，不很多嗎？

目下生產率問題特別嚴重，尤其是在法國，你想焉能使此種不定生活會生產呢！怎樣一個住在旅舍的家庭可以應接幾個小孩來玩呢？

再加從道德上看，我以爲這種無根底家庭，受各種危險及易於分裂引誘所侵奪，是無抵抗的。

假如從經濟眼光看來，這種向集合家庭的步驟可以組成一種進步，若從道德觀點及個人幸福上觀察，就不如此。但毫不要見怪：進化史上毫沒有指出這個進步是一種增加幸福而不是道德。我不相信現在富的人，就是很富者也許是較『彼立克』（Péricles）時代底貴族，『阿格史』（Auguste）時代底貴人及『梅狄熙』（Médicis）朝代底封建地主幸福得多。但人們總可說世界幸福雖沒有較前增加，至少貧民的痛苦總可減少。總之，統計圖上所註明舒服生活程度的中庸線，似乎表明漸漸上升了。

至於這課的目的，向公同住居和公同消費底改進，若眞的不能引起安閒階級的新快感或代替舊歡樂，而在新工階級方面當可增加幸福。誠然，現在生活的情形，特別關於居屋問題，從舒適道德方面看來，都對於勞動階級，特別切要，不若中產階級一樣，對他們毫無損失。

【註一】 前曾組織一個家僕『生的甲』，取名『家庭人員聯合會』(Union des gens de maison)，它設有一種機關報取名甚滑稽，稱爲『職務的階梯』(Lés calies de service)，在新近舉行之會議中，所要求的條件如下：

(一)星期休息——斯堪迭納非亞半島，如挪威瑞典等都已施行。

(二)半月休假仍支薪——辛苦一年，自然休假極有價值。

(三)工作當普爲規定——我們大都知道許多家僕往往六時起身，等到深晚二時才睡，尤其在旅館之中大都如此。

(四)仲裁委員會裁判——主僕間如發生爭執，由法官調停。(按法國法官當然仲裁委員)

(五)市政議員有被選舉之資格——那種發現很奇怪，因爲一八八三年的選舉法他們和軍人一樣，不正式包括在裏面的。

【註二】 當校正此書稿子之際，我們看到下報上載有一段新聞，頗足以爲上述之證明：『法美住宅團(Le Groupe de l'Habitation Franco-Americane)係由著名建築家，工程師和管理家(Administrateur)所組織，將在巴黎建築四座相關連的房子，包括著修室及有趣味之各種新奇的發現。它設備一個購買店及許多飯店，可供給住客之物品貨物以批發價格計算，該店之貨品係向生產者直接購買而來，免除中間人之漁利，可經濟百分之二十五到四十。設住客不備廚房，每日三餐由飯店供給，索價十法郎至十五法郎。又有一個洗衣者替住客洗衣，及一個整潔僕役替他收拾房子，桌子等。每座房子包括有大會客廳，遊戲室，花園，汽車間及孩童自修室。還班孩子們每天有人送往學校。每部房子，既明亮而又通空氣，嚴寒之際設有熱水汀，還有其他十分考究衛生設備，如終年熱水，電梯等等，最好一層樓是用做工作室。

『眞是安閒階級的合作社，住者由一個會選擇，房屋，將來就是住者的財產，祇須他們繳納每部房子一半的價錢，另一半則在三十年內付淸，亦可自由提前償還。如讓渡每部房子可隨時實行，毋需化費。

『四座房子，計開：奧賽(Orsay)，有四十八部大室(Appartement)，極邁(Jasmin)有一百七十七部。秀番(Suffren)一百零五部中等室；包賀牙(Port-Royal)共有二百十七部小室。

雖然對於這個發現消息不廣，惟一大部分的屋子已被人佔據。凡有人欲加入該合作社者，應速函愛麥廣限路六十一號，「法英住宅團」接洽。』

第二章　農業操作應當怎樣

第一節　工業進化抑農業進化

我們已經看到消費在傅氏思想中所佔何等地位了。

關於生產方面，傅立葉不無獨見，與其他各種社會主義者大不相同，他是代表一個鄉村社會主義者(Un rural)；我的意思，就是因為他對於農業生產特別注重，反之，一般社會主義者卻對於工業發生特別興味。這個理由很容易知道；在一般大城市裏，從勞動者底中心，才孵化社會主義出來，專在勞動界才可尋到許多附和者。亦有人在鄉間宣傳社會主義於農人而冀其加入者，即允維持小資產和瓜分大地主的土地，但都少有效驗。你總知道蘇俄共產黨的大失敗，即可拿來證明。因為它差不多全部是農業生產的國家，所以他們認為可靠的一班勞動群衆都逃走了。

傅氏底社會主義毫不是工業者，與蒲魯東或馬克司底一樣；它也不是階級社會主義，因為傅氏絕沒有專注重一般工人階級底利益。另一方面，他不喜歡大工業，亦不愛大城市，雖是一個商家夥計，一個市民，但卻帶有如大城市中『布爾局窪』的脾氣，每逢星期日，要到鄉間玩賞風景；他們一到了年老休息之時，就去耕種他們的田園，以盡餘年。他的鄉村社會主義與其說是理由，毋寧說是一種興趣之事（Une affaire de goût），但一點值得注意的，卽因爲傅氏自稱爲鄉村社會主義者，不惟與大部分社會主義者不同，且一反經濟進化，所謂經濟進化，就是漸漸着重工業生產而輕視農業生產。

傅氏說明在『滂藍斯頓』裏面只有四分之一的工作歸於工業，其餘四分之三則專留給農業，或農家經營。誠然，這恰巧與經濟進化成反比例。一般先進的國家，農業生產卻漸漸縮小；關於此點，容我們在後面討論。

此外傅氏底意見不是新鮮的。在他之先，一般政治家都有此種議論發表過，如亨利第四的部長隨利（Sully），法國革命前夜重農學派所倡『自然政府』這個名詞卽重視自然生產，換句話說，便是土地生產。從此以後，『歸田』之說（La retour à la terre）就爲各學派視爲一種方策，尤其是天主教社會學派，後者由工業化而使勞動者發達起來，認爲可怖。

誠然，首先注重農業生產有很多的理由；最先因爲它供人類最需要的東西；人類食物之中沒有一項不是由農業供給的，——除了鹽，它尙不是一種食物，不過所謂一種調味香料而已。

卽使農業不能應人類最主要的需要，但奢侈品吧，出產玫瑰花，豈不可稱爲一種合法品。只有酒精的出產人們才有權可貲難，——它仍舊不能負責，因爲這並不是土地能製造酒精，而卻是人工做的。雖然一般煮蒸穀類者出產品是自然的酒精，而蒸餾業和他的蒸餾器才眞是一個工廠。反之，你若留意工業生產，它所需要工作和原料底浪費與會使你恐怖。人們若參觀大城市各商店陳列的東西，或世界大展覽會裏面的物品，倘使人們去尋無用的東西及完全奢侈品的比例，便會驚悟有如此愚鈍來妄用人類工作。

當歐戰之時，人們有時覺得很奇怪，爲什麼幾百萬以上的生產人員已動員了，而結果經濟生活和生產都沒有混亂呢？解答是很簡單的；這大部分動員的勞動者，在和平的時候已經是不生產了，戰時會變化什麼呢？

他們所做的工作毫無裨於實用，從經濟上看來，他們在戰壕裏面無疑地對於實用品不會增多，亦不會減少。

第二節　對於麥子和麪包之責難

但傅氏關於土地工作卻和以前的土地社會主義者不同，他毫不懷有一般普通人所知道平常實行的見解，你切勿認傅氏溺愛於田野工作的快樂；他反對各種牧人文學（Littérature bucolique）自從斐琪爾（Virgile）到喬治桑（Georges Sand）和現在一般哲人（Les Academies）加冕的小說家讚美農業工作價值和快活。傅氏則絕不加以稱許。他並沒有反對著名斐琪爾的詩句：『倘使他們知道自己的幸福，那農人眞太幸福了！』無疑地他並沒有唸過斐琪爾的詩，但他卻不忘記嘲笑那班負有此志者，如戴里兒（Delille）詩人一樣。他說：『他們是相信我們住在鄉野是不可以言語形容的快樂，而我們卻不知如何去玩賞在此種情形之下，他們怎樣辦呢？』

請勿誤會傅氏所表示農業出產佔首位，毫不對着實行已經幾千年的農業而言，自從發明犂耙以後，自屈杜仁（Triptotème）有生以來，及人們由天堂驅逐出來的農業，因為這種農工作不過是所謂天禍亞丹子孫，履行義務而已：『你耕種土地額汗滿滴。』勤勞（Labourer）這個字，而表示很明顯的，因為從他的字原學『勞力』（Labor）看來是包括人類工作經久的樣子。傅氏憶起亞洲游牧民族也發出同樣的咒罵，以反抗它們的敵人：他們是否可以減少土地上的勤勞呢！

但假如傅立葉不願自人類所知道以迄如今的農業，那末他要怎樣呢？——他欲以植花及培樹來代替農業，換言之就是種菜和植果樹總結一個字，便是『園藝』（Jardinage）罷了。這就是他所要求改變之點，特別反對在白種人裏面最普通和最光榮的一種農業式，即耕種五穀類，他不禁的嘲笑，——尤其是反對麪包的生產，他帶譏笑的說：『這個好的滋養品是為文明人類的。』到也奇怪，傅氏居然有反對麵包底詛咒，反之，大部分詩家和散文家卻認為光榮，例如托爾思太一些書裏面，特別有本書名『麵包勞動』係一個鄉人名叫龐達兒夫（Bondareff）所作的一冊書，而托氏寫了一長篇序介紹，頗讚揚麵包工作。

傅氏非難麵包的應用，和播穀的爭論，即站在經濟立場上，也毫不失其效力，而對此應有敘明之必要，不過傅氏沒有清楚底次序罷了。

首先應說明就是沒有別的食物比較製造麵包需要人工來得多了。這很容易想到，它是時時刻刻都需要的。目下仍然與前一樣，共有三種繼續不斷底手續，人類歎為最辛苦的工作了；非但我剛纔所說的耕種，其次由麥子磨成麥粉，也何嘗不然。轉動磨石，歷代以來就算是可怕的工作，此舉都委託於奴僕，常常把聯磨石的獸類也裝上一個口袋，以防其偷吃麥粉。麵包工作不單是奴僕的職務，也是婦女底工作；在一般原始社會裏面，女子若不是做轉動磨石，至少亦用石子來研末穀類，如烏利時（Ulysse）屋內許多潘納羅卜（Pénélope）底女僕一樣，現在仍舊如此在阿爾及利和東方一般國家，女子全日都消耗光陰於研粉及製餅，以當麵包之用。

這並未完了！第三講到揉粉工作，人們目下才開始用機器來做糕餅，但在我們時代以前，即現在仍有一部分麵包店的粉團，用手來揉得很久，常常弄到通宵，——好在叨光勞動法底進步，把這種夜工取消了，——此種工人叫做『歷歷嘆息』（Geindres），無疑地因為人們聽到他們用手去拔膠黏粉團時竭力的喘聲，而他們浴身於汗雨之下，這樣歷來已很足攻擊此種麵包制度之缺點了。

自然人們尚可列舉其他亦苦的工作，——並不能逃脫辛苦，如製造玻璃者，他用長底管子來吹沸熱的玻璃，或鍊鋼鐵者製造鋼品，或海輪底下的爐夫，——但麵包工作卻還受大多數人歡迎。

此外，人們所謂日常需用的麪包，需要每日預備供給六萬萬白種人的食物，他們不能一日無新鮮麪包。倘使麪包可儲藏幾星期或少幾天，那是另外一回事。這並不是不可能，眞的在我們許多鄉下人家，爲省工作和時間起見，人們只不過每星期做一次麪包，或隔了很久的時間再來做一次。但一般城市的住民，麪包一陳了便覺得不能吃，不過說麪包舊一點罷了，人們就不要吃，而巴黎的工人便把它去掉，這是一個可怖的浪費。還有其他各種食物，如別種五穀之類，消費並沒有同樣底不便利，且勿需如此多的工作。如像米一樣，可以用粒形應用，省了三種手續磨揉和烘，可和其他食物一樣每天烹煮就得了。

雖然，傅氏沒有顯到米，這是我料到的，但他繼續說明果醬的例子，因爲他每年預備一次，可以供全年之用，一般主婦事實上大都知道要預備多少應用的。

傅氏反對植五穀，從經濟組織看來，另有一番價值的議論，他解說似甚有理由：『文明人類一般食物制度，幾可把它歸納在一種食料上面：歐洲是小麥，亞洲是米，墨西哥卻是玉蜀黍。』其實在每一洲或各種大的民族中很少用一種五穀爲食料；米是爲黃種人食料，小麥或有時玉蜀黍卻爲白人所採用，至於非洲黑人應用一二種五穀如黍（Millet）及高粱。所以他說事實上一個國家裏面或至少這批肥沃之地，只專種一項五穀，形成一個很大的危險，因爲常常遇到一個兇年，饑荒便成『單一耕種』可怕的結果，如用『複式耕種』那危險就少得多了。

由傅氏所述這一番批評看來，人們尚可加其他理由以補充其原意，特別是耕種麥子，很容易耗盡地力。凡是稍具有農業常識的人，就知道麥子不能在同一塊地上連種幾年，除非特別的土地，如俄國的黑土區，或美洲新開闢的地方，但在衰老的國家，種麥就立即使地方減少，所以從羅馬時代以來，人們不得已把土地在三年之中抽出一年來休息，只種三分之一，若人們偏植五穀，仍是無用。此種制度至今日而改成爲『變植制』

(L'assolement)，就是互相掉換五穀耕種，不便的地方還是不少。

這所以傅氏欲在他的『潑藍斯頓』裏面把舊的農業去掉而代替耕種蔬菜和果樹的理由。而下面便是一般社會可以在這種代替中獲得經濟上的利益，他說得似很聰明的樣子。

他說：『人類活在世界上，往往有這種偏見，就是麪包特別補養，而其他食物不過是次重要罷了。』傅氏批評這種方式，特別在法國最相信，——你總知道外國形容法國人：說有一位扭扣洞裏穿一條紅禮帶的先生，他不斷底索取麪包。在其他的國家，傅氏曾指明麪包的食慾較法國弱得多，此舉可使這些國家應用大部分的土地以培植其他生產而很經濟的東西。

傅先生這種思想，非常新穎，因爲自從有食物衞生和農業化學的教訓，一世紀以來，人們完全不知道。若把食物底分析，明顯底表示蔬菜，如碗豆，蠶豆，黃豆等，包含的『加羅力』(Calories)較小麥盡數來得多，所以他們從無論經濟上看來，或從生理學上看來，都是最優秀的食料。雖然，傅氏卻不是此種觀念，因爲他既不顧到化學，亦不是他所不知道的『加羅力』而是我在上曾講過的一般美食的觀念。他曾說麪包是一種全無味道的養料，而他詳細地並帶有趣味的把它證明：『假如你不相信，你只須和小孩商量，他們很够判斷這種東西。拿一塊乾麪包給他們，無異給他們一種責罰。而倘若人們給他們下列三種的東西：一磅麪包，一磅水果，一磅糖食，他們的選擇將會無疑地檢糖食，或水果，而不欲麪包的。』傅氏並稱因爲這種選擇，他們恐受父母之責備，而爲父母者，也反之盡量使小孩子去接受此種教訓，其實呢，糖和水果較麪包好得多了。

誠然，傅氏在他的時代，已先得蔬菜和果類對於食物價值的貢獻，後來亦爲一般人所證明，目下卻全被一般衞生家所承認；尤其是關於糖這樣東西，他眞是預料家，在他那個時代糖是一種最美食東西，反之幾年以後，便升到食物之中佔第一項裏面的一種物品了。

第三節　必須培植他的果園

但是最特別而最大的理由使傅立葉欲以植樹術和園藝學來代替農業的，就是此舉，即能使他實現所謂『寫意工作』(Le travail attrayant)。我剛纔所說的犁鋤操作，人類視爲最辛苦的工作，反之，工作如培植花園，採摘果子，或就在採果之前，修剪樹木，接木，常常視爲一種工作者毋寧說是一種消遣。這許多僱員如傅氏一樣年老的兵士，夢想他們休職了，就去植園和種樹。(註一)此種引示，傅氏已經做到，但他還可更進一步，直到人類發原底亞丹花園裏那處，如聖經所說上帝把人類擺在裏面來『植園和摘果。』這正是此種性質底工作，傅氏欲留在他『澇藍斯頓』裏面的，因爲僅此項性質底工作，人們才覺得是寫意的，——或者也許是『遺失天堂』的思歸病。

傅氏並不自樂承認園藝工作的優美；他有一個全部組織及很複雜的計劃。一方面呢，將工人分成各團，(Groupe)，如此使各團互相競爭，以滿足重要的情感，而他稱之一個很奇怪的名字，叫『神通之人』(Cabaliste)，它就是好勝心而已。他更把他所謂這些組底組織研究頗詳。每次種植必須包括一個特別組(Serie)，一組種梨的，一組是種玫瑰的，另一組卻是爲櫻桃的。其次在這些組裏面的每一組隨各種水果和蔬菜有多少不同而分多少班，如植梨組包括硬梨班，軟梨班等，其中每團特別專門去管不同底一項種植，這就是各團的分工，但不關個人，因爲你要知道個人可以做各組的分子，結果每人可精通大批技術了。(註二)

他的農作組織計劃中另外還有個主要條件，便是很短的短幕(Courte séance)，傅氏想到此種理由之一，工作使人厭煩的就是延久：『強迫我們勞動者繼續做十二時，或常常十五小時，生活便是一種久遠的刑罰。』現在是不會有八小時以上的了，但傅氏覺得八小時仍太多！在『澇藍斯頓』裏面衆人截爲許多小批，而每批工作兩小時，不能再多了；每個社員所做的工作，譬如每組兩小時，首在玫瑰花組，其次到種馬鈴薯做兩小時，織氈兩小時，或另外一組均可。下面便是『潑藍斯頓』裏面全日工作時間表的例子。

六月呂卡日（Lucas）

三點半鐘起牀，預備。即在鄉村生活中，這也是很早的早晨。但傅氏告訴我們，在『潑藍斯頓』裏面的人們，不很需要睡眠來休養氣力，不如現在一般工人非睡足不可，因爲人們工作了而不疲倦；睡眠時間減少一點，生活更加興趣。

四點鐘　一班人開始工作。

五點鐘　園丁班；

七點鐘　早餐；

七點半　刈草班；

九點半　另外一班；

十一點　料理家畜棚組；

一點鐘　午餐；

二點　山林組這係指管柴樹林木之類者；

四點　工業班，（全日中之僅此工業，）

六點　灌溉組；

八點　出席交易所。這種組織在『潑藍斯頓』裏面佔重要位置，人們在那兒討論各種物價，據傅氏意見，這是社員交情重要來源之一種。

八點半　晚餐；
九點　消遣；
十一點　就寢。

其餘尚有別種時間表，茲不多贅了。分組的組織目的以滿足好勝心底情感，而他稱之『神通者。』一短期工作制度，其目的在滿足變換底味覺，他指定一優雅名詞曰『翩翩飛』(La papillone)。

我不願把傅氏書中的一些表格多講出來，因爲平心而論未免近於幻想，其實呢，農人生活和農業工作全不像傅氏所表示一樣。雖然，事實上常有一部分眞理在他過分議論之中，農作中特別如園藝可供給各種不同的職業，而人們在其他勞動方面一點都找不出的。你要知道在大工業裏面工作對於勞動者多麼單調，如織工一樣，每小時要注視機杼往來千次於布帛之上。或冶金者不放鬆底注視和不停底以鐵錘打着鐵錁，或同樣底如製碗工人，他匆匆轉着沃土，鍛冶工人頻頻在鐵礁上打着，——你總知道的。我可說那些園丁工作，他有時鋤鋤地，有時鍬鍬，有時拔去野草，有時插植山樹於地上，接木，有時則驅去與菜果作戰的動物，如蛞蝓，金龜子，白蟲和葡萄上的長腰蜂；它隨時令或季節而塗藥，撒硫黃，灌溉，種植，和拔去植物，——你會覺得園丁全日各種與『潑藍斯頓』裏面時間表是相差不多的。

雖然，傅氏農業或園藝生活的理想是屬於商人的夥計，市民，和小地主收租者，他們只在星期日散散步，大略知道一點而已。我們切勿忽視剛纔所說的工作，個人分離而全體一致是很難於謀生，至少在他們藉職業爲活的人是如此的。

譬如以巴黎近郊種菜爲業者底生活來代表罷，他們除了每日工作而外，不得已於中夜就要起身驅車，若是路遠的話，或最遲亦需清晨三點鐘動身，以便在開市前趕到小菜場，後者是四點鐘開市的，無論下雪抑或下雨，都常常如此。幾千輛裝菜的馬車充塞了向巴黎的道路，每夜如此，當馬蹄一止住在原來停車的地方，一般御駁者便疲倦在車箱中睡去了。

此種事業似乎對傅氏特別有趣，而他可視爲一種寫意的工作，如採果一樣，可是卻不是一項娛樂。傅氏以孩童遊戲來說明，謂有一天他們逃學了，遊到林中去採摘胡桃和野果，那兒他們就競爭誰能灌滿他們的小袋和帽子。這毫不是那樣的採果類能，我曾有許多機會加入去收穫葡萄但它毫不顧到一點如傅氏的所表示一樣。而卻是終日伏在葡萄藤之下，減着葡萄，這是非常辛苦的工作，即雖是晴天，八月間驕陽可怖，九月已是微寒而多雨了。我常看到一般摘葡萄者，滿身淋濕於葡萄藤之下，宛似落湯雞。誠然，一般收穫葡萄者雖較尋常勞動爲快樂和興濃，但是分成各排，契合傅氏底大綱，似乎毫不受『神通者』的作用，人們看不到競爭，誰先盛滿其桶，反之卻是有規律的，凡同夥有稍前進者，便停止下來，喫葡萄或閒談片刻，以待後來者並列，工作同人之前進，並不在多摘者，而卻視採得少的人。新近由『共果學會』（L'Académie de Goncourt）獎賞一冊書名『屋洞』（Les creux de maison），其中有一章正描寫一個冬天的早晨，農人到菜園中剝菜，它表現對於這種事業是一個可怖的影像，然而似乎在傅氏寫意表上卻是很合的。

此種未來的種植，我們若去從事一種可愛園藝形式，毋寧有一精深的耕種：假如你情願，一個園地可用種種科學方法來完成種植，可用暖室而自由製造四季，不特可變溫度，並可換光線，或者人們就隨各種植物之性質而造各項顏色紅，黃，藍，紫，均好，因爲人們承認顏色很有關於植物；還有電氣及化學品，如此將來的花園卻是化學實驗室，而不是亞丹花園了。

無疑此種先示，超出傅氏所預料多多，但在他的時代，這種預料已是很奇特了。他已預見自然力幫助農業生產，只不過他缺乏科學知識，而且喜於思想之荒唐，他所述自然力合作是建立於一種最幻想形式之上，並且有幾種是矛盾的:如氣候和海洋可由耕植的結果而變動。他有此種普遍的思想,即多植樹木,人類可以調度雨量,——這種影響目下人們覺得非常可感,——此種影響再擴大之,他認為人類可以改變氣候,即他所謂此種『地球上的衣服』非特可更變氣候,——寒帶變成溫帶——且可變換海水的成分,它不會再鹹,而會很可口。這種影響擴大了射到了星球上去,反迴到植物上來,如此每種均有特別的作用,我在第一課已說過一點了。據傅氏學說一個信徒報告,傅氏係由『干卜萊』(Képler)著作中得到宇宙開闢論。我們應當指明的,但太嚕囌了。

第四節 傅氏的預言一部分是肯定的

在何種範圍之內,一般事實可肯定傅氏底思想呢?

他的學說迄今正是百年;有了一世紀經濟的歷史,很足供全部理論底幾個證實和否認了。傅氏預言中所指給我們者是什麼呢?假如人們從籠統底眼光看來,可說他全無根據,經濟進化正是向反方向進行,而漸漸變成工業化;各國工業都漸漸淘汰農業,尤其最明顯的即農業若本身不工業化,現在便不能立足;總之農業已失去它經營底性質,而代以工業工廠生產底性質了。

在一般先進國家,原來農業出產佔四分之三,現在只不過僻四分之一了,反之傅氏理想祇有在文化後進國中才會實現的。下面是幾個國家農業和工業人口底比例。我擇一般國家其數目趨於兩極端者為例子,因為這些較為明顯着。如:

俄國……工人與農人為四與十之比。

法國……工人與農人為九與十之比。

德國……工人與農人爲十三與十之比。
英國……工人與農人爲七十八與十之比。

你看多麽不同，譬如俄國農人較工人多二三倍，英國則相反，工人較農人多八倍。法國在這方面尚無絕對懸殊，站在中庸地位，不偏不倚，工業與農業約相等，百分之五十二比百分之四十八。不過此尚是戰前底數目，歐戰的結果當然農人之減少較工人爲多，因爲戰死一百三十萬人口中，農人死亡率較工人強得多，其理由就是工人統都移到工廠去作戰具，而農民則常服役於戰壕。除此而外，一大部分底鄉民都跑向城市裏來，或則是躲避或是求財，而他們便在到處住下了。一九二一年新戶口調查卽將發表，大約農工人口會相等的。反之俄國自革命以後，工商業相繼淪亡，數目跌至十與一之比，但這是一個例外。

怎樣去解釋工業生產特別較農業有優越底進步呢？這似乎有幾種變態的事情，因爲雖則農產品底消費——就是食品，後者一切全由農業供給——不會減少嗎？食物開支常在預算上佔最重要一項，至少在國內大多數民衆是如此的：此項高至三分之二，而小領薪者則至四分之三。於是生產和消費間之結果失了平衡，蓋消費旣沒有減少，而生產卻限止住了，結果呢，依照供求律規定，農產品價格高漲，豈不至少與工業品底價格發生關係的嗎？誠然，我並不說現今完全搖動的價格狀態之下，但在常態之中，工業品一致下跌時，只少許影響於農業品（除俄國則有特別情形理由已如上述）而最有關係的特別是農業品下跌，因爲此種物品可以使勞動階級減少生活費。

的確西歐農產品相對底減少，很容易用這三事實來解釋的，卽一般工業國家偏求食品底輸入，而專務於很有出息底工業品，此種出品便用以支付進口底食物。它們開礦和工廠裏底工人都由鄉間挑選而來。這就是英德兩個強國，如我們看到表而上所指明工業人口超出農人很多，它們兩國大部分需要於它們人口底食物，都仰給於外國的，不然便不能生存了。

歐戰的結果受了英國艦隊和德國潛艇互相層層可怖的封鎖，遂令人開着眼睛瞧瞧情境，並表明一般國家只犧牲農業而發展工業是多麼的危險，當歐戰之時，英國遂有完全改變耕種制度的嚴重問題發生，就是重新恢復一世紀前培植五穀制度，它的土地是受改做牧場而飼畜之故漸漸廢除的。

假若人們只注意第一個影像，有人便會說傅氏的預料完全與事實相違。不過此種影像是易誤會的。假若傅氏那些關於農業改進的方向和將來農業生產的先見，只不過視為農業操作而且是園藝之快樂的基礎，那它就不可靠了。然而我卻想到有這種傾向，——一反目下經濟進化所示給我們統計的數目——我們再進一步看看，一般原因卻全與傅氏所期望的兩樣，我並不相信在經濟進化程內快樂的原因有多大的力量，不過據我的意見也許是有這種需要來決定變遷的。

但有一種切底需要較戰爭本身的需要為尤甚的，便是人口底增加。這個問題，自從馬爾薩斯以來，人們常常譏笑其錯誤，無異預言，——衆人毫不關心其原因，尤其是在法國。雖然，假如查考歐洲人口之增加和一般新國家人口的驟增底統計，人們知道消費者底數目如此驟增，便會不寒而慄。戰前每年人口增加百分之一，或者由全球人口計算共十六萬萬，差不多每年約增加一千六百萬，八百萬喪亡於慘酷底戰爭底人口，只不過代表全地球六個月的增加數目而已。而此種大屠殺的結果，從人口論者眼光看來並不缺空，但不過是增加率延遲幾個月而復照常增加罷了。此種人口增加遲早將會發生影響，但也許將來不久便會使由亞美澳三洲供給食料底一般歐洲國家絕糧，因為海外一些國家將正夠供給他們自己的人口的需要而無餘糧輸出。此刻業已達到這個地步了，如西歐有幾個國家，人口達到如此其密，使它們自己無法給養。

那末將怎樣辦呢？這些國家一定要去設法找得一項耕種的方式，以有限的土地，生產大量的食物來給養大量的人口，如是耕種麥類就不能給養目下人口稠密底程度比及德國了。人們就會從事於園藝方式，因爲此種耕耘方法能使在同一立方土地之上繼續不斷有五六次收穫。這是最容易比較的一個廣闊的田地裏，一部分是幾百鎔底農場，徧植五穀；另一部分卻是菜園，面積不過是一鎔光景，卻能生產供十八到二十位人口農家每日蔬菜水果的消費。

你總看到沿巴黎一圓週之內，二十基羅米突之間，農業已不存在，只不過留下種菜業罷了。同樣底沿一般大城市圓週之內大都如此，——這似乎是一條公認的人口定律——都市人口漸漸底擴大起來，而種菜區也隨之而擴張，我們若假思索，這種進化長此進步，到了某時期，人們就會看到沿城一切種菜區不久就會遮蓋全國了。

將來有一天，歐洲各國會如目下我們底首都近郊同樣景況，全變成種菜區，而肉和麪包將從地球別一方輸入了。

已經有許多國家，或者至少有很大的區域，已達到園藝農業的程度，第一便是中國，人們都覺得較其他各國爲落後，而在這一點卻可稱爲最先進的了，中國農業——規模小而特別精巧，所謂規模小者，便是劃分耕地和花園差不多大小，所謂特別精巧便是如培植花園一樣。特如穀一項是中國農業的大宗，它並不是單靠一個好底播種者散種就行，但先特別有田種秧，以待秧出水面，便把它分插，這純是園藝術，爲什麼呢？正因爲人口稠密，不得不使中國用園藝術來代替農業。

關於傅氏特別酷愛的種植，便是果類，它已是飛騰前達了，不僅在敍利亞果園之內和巴斯汀猶太人所設的合作殖民中是如此，美之加利福尼亞省尤其發達；後者已成爲果園，面積約與法國相等，那兒已大規模來種植橘子，桃杏，蘋果，梨，檸檬之類，出產更流溢出加利福尼亞以外，你當然總嘗到過桃杏的糖餞，它晒乾後更可銷行全球。假如傅氏能够看到他的夢想，會如此實現，眞不知如何的快樂呀！現在有許多地方大量水果生產，製造和輸出全以合作方式來栽培和出賣。

其他的原因便是人口增加所引起底『歸田』運動，這是社會或政治的原因。此種運動，戰前已略見端倪，今則受此影響而益趨激烈化。在中歐各國誕生了一種『靑色國際』『Internationale verte (Green raising)』日漸擴大了，它站在政治立場上是特別反對『紅色國際』，但從經濟立場來說很明顯底是反抗工業化。

從此你可窺見許多事實，似乎吻合傅氏簡單窺測底理由，而披露將來底新世界並不與他的預料是十分相背馳的。

第五節　進向蔬食主義

雖然，經濟進化表面上似乎兩相矛盾，而卻授傅氏解釋關於變遷種植的好理由，——結果也就有影響於消費。他希望麵包將來可以用其他食物代替，但那些食物呢？因爲各項生產受同樣的緣故，似均趨於不存在，非特耕種五穀是如此，即如畜牧，肉類的出產亦何嘗不然，一隻雄牛，一隻雌牛，即一隻羊，能需要食物的面積較人爲大，那末就要選擇人和獸誰要緊了。將來有一天，所有的土地全數被人佔據，而再沒有別的土地供畜牧了。

畜牧的歷史便從獵獲起首，我們現在所稱爲獵物便是可供食的野禽獸，即供各地人民普通食料品；在中世紀時代這仍是一種日常食品，只要讀當時的年史就可知道的。但嗣後人口大增，遂沒有餘地供野禽獸的棲處，它們需要維持生存的土地面積較家畜類尤爲廣闊。人民耕種地漸漸底擴張，野獸類便遭壓迫而減少，——如美洲的『紅皮獸』(Peaux-rouge)或新加利杜尼的卡那克 (Canaques) 均漸漸歸於絕種。假使人們沒有慈善實行一種保留，可是保護獵物亦應有種種保護和打獵的限制，爲了同樣底原因，將來也許有一天家畜也如目下獵物一樣的稀少，紅燒羊腿成爲一種奢侈品，如現在的鹿腿一樣，一個小牛頭會如此刻新鮮山羊頭一樣的貴重。只賸下一批小動物不需要很大的土地面積來生活的，或則只要倘以我們吃過的賸餘下來的東西，如豬，雞，兔仍繼續供日常膳品。我剛纔說過的中國肉店內所出賣的東西大都不過是瘦豬而已。

雞則這般關於飼養家畜底遠慮，似乎傅氏尚未有先覺，但他卻已指明在「潑靈斯頓」中一般職業裏面，養雞須有個很好地方的。

假如我剛纔所計劃的改進能夠實現了，那末須藉強制蔬食主義以消滅和減少人類肉食。所以結果我想大家應跑向蔬食主義去才對。幾世紀以來，僅在消費方面已看到多少變動了！毋需回溯以前荷馬時代的英雄吞一塊豬脊，如我們吃一塊牛肋一樣，更不如路易十四時代不顧菜單指明用者多少和肉的數量，而使人吃得生厭，但就我們這個時代，即最近期間，就很足以看到我們膳食中肉食如何比較蔬食相對減少了。目下在一般家庭裏面，不是貧苦者而卻是富人，他們只不過每日食肉一次，晚餐便不進葷菜，此種改進，定能達到完全蔬食主義，除掉我們剛纔所指明例子而外，而我想來從各方面看來這都是一種進步。

衞生進步；現在一般醫生大都一致承認的。真的肉的東西較其他食物消化爲速，因爲一種被生物改造其原形而供食底物品是對於我們容易消化得多，但別一方面，如關節痛，患風痛，或則瘋癱和一切中毒都由肉食而來，至蔬菜卻全與此無關，——因爲許多是不需人手來弄碎的。

從經濟上觀察也是進步，因爲蔬菜並不較肉類爲貴。或者你要奇怪，爲什麼畜牧原是自然力居多而人工卻是很少，反而貴呢？誠然，這個價昂的原因，正是我剛才所指明的，每頭牛需要一塊廣闊的好牧場，——設使人們飼養家畜於欄柵之下，而所用草的食料化費亦差不多相等，所以最經濟的還是把一盤肉而代替一槃蔬菜，這點各位家主婦大都知道的。

末了，從道德觀點上看來，也是進步，因爲人類不應完全有食葷的意識，祇是幾種習慣而已，他們應想到爲了食物要犧牲如此許多性命，非但殘殺，且因爲是好食之故，遂使禽獸罹了慘酷。

你曉得從蔬食方面改進已誕生了無數素食社——雖受人譏笑，但它們可以自翊爲將來先覺。素食家可分三種：折中派可說右派，他們非但承認一切蔬菜爲食物，即一般動物所生產而不傷命者如雞蛋，牛乳，牛酪，蜂蜜等皆是；其次稍爲嚴格尊守者，除去一切動物生產的東西，即雖不玷血的亦在此例，而專食土地所出產的物品；末了極左派，『激昂者』(Exaltés)——這是他們派別底名字，人數並不多——他們棄絕五穀和蔬菜，而一致堅持吃乾的和新鮮底水果範圍說大一點，包括栗子，胡桃，橄欖等等，他們想來此等東西甚足配做人類食物，並可省飲水類以充飲料，——全和亞丹和愛福在亞丹園裏一樣，或如原始人類在沒有發明獵弓和耕犂以前，對於各種物品只得採摘，所以這個極端素食派係誕生於加利福尼亞，而正是處於好環境之中，即我們剛纔所說地球那部分已成爲一個眞正果園的地方。

實際上講，我並不相信傅氏是他們的信徒，因爲他較之嚴格素食者太過於孌發了，雖則他喜歡家畜，而不忘在他的『激藍斯頓』裏設一個好地方來營養，並囑小隊孩童特別盡職於此事業。但他卻承認人們可以殺而不應使其慘酷，總結一句，就是人們可以作食料的。

傅氏更不承認剛纔我所討論底將來歷史的起點，說人類將由人口的壓迫而改變生產和消費的格式。其實他宣稱在他的和諧制度中人口增加將會阻止的；我將在另一課中涉及他關於馬爾薩斯主義的簡單理論。

【註一】 青年婦女從事灌溉花卉，老年兵士從事剪小花園的路徑，青年人則研究接木法，而市民則自傲於無數觀察戰濠之勞工女則懸五花窗簾於門窗之上。(Renaud: De la Solidarité P. 67.)

【註二】 在無數集社中必須使勞動者分隊，且分『上工組』和『下工組』，以便發展每位的個性，並使其產生種種相反的競爭，由後者可劃分許多穗狀和個性，卽照每種穗狀由隊分組，如是出產增加，所以二十隊種植二十種玫瑰花造成一個玫瑰組。

第三章 工業主義和薪工制——寫意工作

第一篇 工業主義

第一節 工業主義的誹難

現在我們且把農業改革放在一邊，來談談工業改進。我道知道傅氏把工業是列在次要的位置。他留四分之一歸工業生產，其餘四分之三則爲農業生產，但這似乎不足以說傅氏視工業爲附屬品，他祇痛恨工業主義而已。且看下面有一段著名文字去形容它的：『工業主義是我們最近的科學的怪物，這就是產生混亂的主動者，使參與收穫財富底一般生產者和薪工都毫無擔保。』並根據英國他又說：

『雖則它的工業是異常發達，而它所有的貧民卻較其他各國爲多。』

誠然當傅氏寫書時代是一八二二年，距今正是一世紀，那時工業改革向未突進，可以說工業主義還未產生。各處差不多尚沒有用蒸汽機的大機器工業，幾乎一致都是手製工業。但是卻已有一個經濟學家，一個邪說者西斯蒙地(Sismondi)，他較傅氏稍早幾年，就責備此種工業改革是增長近代社會的苦楚，遂受他同時代一般經濟學者嚴厲底攻擊，尤其是充法蘭西學院第一任著名經濟學教授舍氏(J. B. Say)。

傅氏批評工業主義的言論，有些雖脫胎於西氏，但卻有別種見解。他表示此種工業的改進增強矛盾化，如日後蒲魯東在他名著『經濟矛盾』(Contradiction économique)裏說得一樣。他指明消費陷於『顛倒式』(La mode inverse)便是受安閒階級底催眠；流通也是一個顛倒式，便是受一般中間人的搗鬼，他們一旦成爲產主，便竭力向生產者和消費者剝削，而播混亂種子於工業制度之內；競爭亦一樣底顛倒，因它能遞減薪金，並因工業猛進而陷人民於貧困。傅立葉自然是擁有此說老先輩之一，常常提及工業之改進，財富固然激增，而卻導人民於貧窮。他就此感觸而下一個結論，嗣後常常被人說起的：

『工業含有一種極普遍的性質：就是公衆和私人兩種利益相衝突，一切工業家與羣衆作戰，或對後者有惡意，便由於私人利益的關係。一個建築師欲一烽烈火使城市某區化爲灰燼，而一個做玻璃者卻望一個大凍天而使全數窗門破裂，裁縫司務和鞋匠亦只希望衆人衣服和鞋子易壞而可利市三倍。』

此處幾種工業改進的性質，傅氏已經知道，但他若處於現在大工業狀況之下，集合數十萬人於碩大工廠中，全用機械設備，巍峨的烟囱，機器，摩達，燃料，鑪等都是近代工業特色，那他將不知道如何說了？人們知道大工業發展，後來被馬克司得意底的歡迎，認爲直趨集產主義的道路。此種生產集中底現象在傅氏時代尚未產生，不過他卻有了一頁預言了。

『自由競爭最後的結果是造成封建商業。此種組織係由一般特權公司所建立，一旦成就了，便和皇權相共得勢，造成它專佔底利益，而削減非其派的工業。』

假如你稍假思索，此種議論發現在第一批『托辣斯』和第一批『卡推爾』的成立之前七十年，你將剛纔所說的預言是毫不過誇的。上面所說：『它們和皇權相共得勢，』換言之，便是國家；——國家給它一部分專利，如法國火車公司及法蘭西銀行一樣，與國家共分利益；——『而削減非其派的工業』，便是摧碎他們的競爭者。

『特權公司以強固的資本，無阻礙底進行擴大市場。從此一般小產主，小規模生產家便強負一切稅率，並服從它們所規定一種價格。商業的精神和負責的經濟科學向那種結局呢？這樣造成的組織便是文化中最後一幕，根據了極端定律，它完結了等於它的開始，所謂由封建工業而終，反之復由封建軍閥而起。』

上面一般歷史的觀察，似乎不十分顯著，尤其是出於缺乏普通學問如傅氏其人之手筆。你當該注意他箭頭是射着經濟的；一般經濟學者都說競爭是爲了保護消費者的利益和建立平價。實際卻不能成立的。自由單純資主一方面消費者是它無擔保的。他說在商業內一定要發明和引用此種擔保，以便由『單純自由』(Liberté simple) 升到『複式自由』(Liberté composée)。

這並非僅站在消費立場，不單由勞動者着想，如他死後一般社會主義者流，而傅氏責備工業主義：是爲人人着想的，即雖富者亦在其內。

他責備的結論眞是令人佩服，在我們時代想起來，尤爲眞確。

他常常說：『工業可造成幸福的原子，而不能造成幸福的本身。』

是的，它可造成幸福的原子，譬如供人類改善生活底方法。傅氏雖預先含有隱約的觀念，可是他猜不到會任意迅速變遷，室內可陳列全球物品，電影和無線電可使他驚奇，但是誠如傅氏所謂全是幸福的原子而不是幸福的本身。

此種對於工業改進的悲觀主義已成一個派別，傅氏沒後很久，直到上世末年才出了一個人，他不是一個經濟學家，卻是一個藝術家審美學者，在英國素負盛名，叫約翰露西金(John Ruskin)，他如傅氏一樣，當然不曾多讀書，而亦責備工業主義，特別機械工業，喻爲文化的瘟疫。他亦曾創設一個社會，稱爲『聖交治同盟會，』據名字看來，它帶有一股勇猛精神，非達目的不止似的。內中會員並呪誓不消費由工業所出產的物品，但只應用手工製造品，僅此種工作能帶有藝術性，因爲是屬於人做的。

然而有一點不同，因爲他是由復古方面去覓得一個補救來治工業化的壞處，此點卻距傅氏的眼光甚遠了！反之，後者欲在設法於將來理想中的。

傅立葉極少留意去待一種自然的革命和事實發生後的迅速療治，如當時一般經濟學者，『放任醫生』們（Docteur de laissg-faire）所教訓。

他說：『人們已經聽到一般主要經濟學者流所說，科學是受一個被動主宰所限制，而他們的職務不過是去分析已產生的病態罷了。』

但傅立葉嘲笑他們說：『這種人宛如一個醫生和一個病人說話；我的職務係分析你的寒或熱病，而不是指給你診治的方法。如此一種醫生實屬可笑之至，然此種觀念目下仍爲幾個經濟學家所採用。』

誠然，這番議論是無稽之談，因爲一般經濟學家覺得無回答的價値，他們原不是醫生呀，而政治經濟學毫不具有覓得補救社會病態方法爲目的，這並不是經濟學者負這個責任，但係政治家，道德家和立法家負責的，他們是屬於尋覓此種補救方法者。

實際上經濟學者們毫無錯誤，他們所教的科學，除了描寫和敍述怎麼一回事外，沒有別的功用，祇不過敍述必不可具有私意和加以偏見而已。不然，這是他們不屑爲的，更不是社會主義者所應爲的。

第二節　工業主義病態之補救策

傅立葉先生毫不躊躇他認爲一切剛纔我所講病態的救濟都包括在『濺藍斯頓』組織裏面。

『在這個社員機械主義之下，人們會找到一切結合的財產，這就是我認爲新發明的。』

在他的反抗工業主義之下，傅氏情願使工業生產附屬於農業生產。那末工業應縮減到鄉村或縣城裏工匠地位，如鎖匠，木匠，細木匠，蹄鐵匠，泥水匠，馬口鐵匠，總而言之，一切小手工藝者罷了。

那末一個嚴重的問題發生了：在將來的社會裏面，若照此組織一種工業，時間既有限制，又附屬於農業生產，且是一種鄉村工業，怎樣能够供多量人口底需要呢？

傅氏毫不爲此種問題所窘困，因爲他是在社員式的制度中設法的，當人們欲實現剛才他所講一切條件之際，工作會很緊張，勞動者會熱心於事業，即雖工業製造縮減了到極小的時間，人們也將不會感到全體人口需要不足的痛苦了。下面便是他自信一段話：

『假如我們能够看到三十以上的工業團體伸張於鄉間，帶有凱旋的呼聲，並高舉它們的旗幟，我們想來可以看到兇猛的軍隊將在鄉境血戰，如是強有力者將代替柔弱和衰瘦的工人，而使增加瓊漿仙丹於此種境地，它不過給文明一些荆棘罷了。』

此外另有一個理由值得相信的，便是工業雖則縮減如此地步，卻能足够需要，理由是很淺近卻頗有興味去一述的。工業係製造較經久的物品的，現在普遍底專產劣貨爲唯一目的，使消費者不得已不常常去掉換衣服，襯衫，或鞋子，此種革新，毋寧說是一種浪費，蓋受時髦所推進，沒有其他目的，不過催逼一般可憐底消費者，如秋天樹葉一樣，每季把他們的衣服及器具本當久可用的，不得不視爲廢物。

在社員制度之下，工業不過生產布帛，家具及經用不易壞的物品，它不專講究時髦。結果呢，一個被氈或衣服，鞋子的工場，不像目下每年須改變生產或一年中，掉幾次花樣，它只要十年或二十年改變一次就得了。在此種情形之下，一種手藝卽雖束縛至緊，亦能滿足平常一切需要。

傅氏此種眼光，在我看來似乎很重要。目下由競爭的結果而改造貨品，或亦由改變者底偏情和專斷於時髦的結果，既浪費財富而工作亦糟蹋過甚，此誠可怖。無疑底目下工業較前可獲到更好的市場，但對於消費者何嘗，卽使它改變十次胸前之掛巾，而我們的祖先和祖母仍終身着同樣的衣服，——至少他們好的衣服，——而有時尙遺傳他們的兒子或女兒，豈不如現在家庭中給眞珠寶貝一樣嗎？

誠然，要辯護時髦人們可以有一種藉口，而爲傅氏所料想不到的，就是衛生。對於這點，消費物迅速改變，似乎是種好處。衣服是受時髦的偏情，或也許製造者的錯誤，人們遂不得已而常常掉換而我們祖父母所遺下貴重的絲服和祖父的天鵝絨裝總少有成爲一個微菌巢之危險。人們同樣底說許多舊的房屋已經住了幾代，雖則它是祖產有權保存。然施以同樣衞生的眼光，人們將要覺得不如近代日本紙造房子容易丟棄，如人換一件襯衫一樣，且可常常用火來毀掉，如焚舊報紙一般，較有益於衞生，可是日本正在放棄而仿造歐洲石築房屋了。

第三節　工業軍

傅氏把工業經營放置於小企業範圍之內，也許是一種錯誤的觀念。雖然，在平常生活之中，工業應限於『潑臨奇』底需要，但傅氏卻承認有大企業的可能和效用，而他更提議一個很有根據的方法來實行。

『凡是集社都應當有財產來聚集生產軍，猶之乎文化是集合一切破壞，惟其徵募它的英雄而以鍊縛其頸，實有背於文明的組織。須知社會的組織卻由他們自己以同樂會和娛樂的引誘而結合，現在情形之下全不知道十萬隊員不知其他共同的快樂，只知破壞，放火劫掠。怎麼『烏托邦』建設者他們亦沒有夢想到這點:即以五十萬隊員用來建設以代替破壞呢?此後生產軍的費將大減特減;除掉一班人城市和窮鄉底儲蓄外,人們仍有撙節武器的開支及工作的利益。這係工業軍的缺點,所以文化就不知道如何產生偉大的東西,而一切事業都在某種場合內失敗。從前已經有一般巨大的工程了,但如何呢?你看大羣的奴隸,他們係由強迫和刑罰而工作的。但假使需要從事開墾「薩哈拉」大沙漠的話,人們可自願快樂底組織一千萬或二千萬人工來進據幾點,而強使土地徧植花草和樹木,使其地方潮濕,把沙漠變爲肥沃的土地。人們亦可鑿成運河,許多灌溉水道,而大船舶不僅將來可航行穿過沙漠,並且可直達大陸的內部,如裏海一樣;更可何由美洲的「干比克」(Québec)直到邊境的大湖,最後還可由海達到加美邊境一切大湖其距離到海只等於四分之一。」

我們有了剛纔這種被『破壞軍』所蹂躪底景象,較傅氏所能意想到爲尤佳。但人們藉此可以看出傅氏夢想要用工業軍來實現大工程的。『薩哈爾』鐵路現尚在計劃中,但商船直接由大西洋達北美中部大湖的運河卻已經定奪了。

雖然,此種大工程無疑底如蘇伊士巴拿馬運河一樣,由企業制度來經營,即由大公司或由國家辦理,如在巴拿馬運河,它可容納幾萬傭工,而所謂『工業軍者,』傅氏的意思便指一集團人情願服役於幾個國家或國際的公益事業。他並且說在他稍幼稚的理想中,還備有各種隊員裝飾的東西,如旗,音樂,軍裝,及袖章等。此種思想似頗過奢,然而此處卻有個國家,一個很小的國家,在經濟和社會改造中都沒有佔重要的地位者,則正在進行此種實驗,這便是『保加利亞』。它的政府已通令經濟底徵募就是每個人民到了二十一歲須服務國家一年,依照各人智質及體力而任用於各項公益事業;結果對於國家是一個很大經濟,蓋此種工作毋需支薪金,而人民也就得到了服務國家的銜頭。

這樣奇特的方法，遂引起列強的猜疑，後者曾提出質問是否就是軍役的變相而欲推翻限制保軍的和平條約，但保國政府卻抗議聲明誤會它底目的。

可是我告訴你保國的實驗不能全附合傅氏的理想，因為傅氏在他的『工業軍』中毫不願徵募，我已經講過幾次毋需多贅。因他痛恨一切強制，絕對贊成自願的集合；他料想此種工作，依照我所指示的根據，一旦組織之後，就會很寫意的使『工業軍』的招集而毋需強迫的職務。不幸此處他自入迷途了。當論到戰鬬，互相殘殺時，人們仍覺得容易出於情感的衝動，——但一關於土地工作或建築房子這便完全幻想，人類中比比如是，卽做和平的工作總較戰爭的工作熱心為減，或者將來的人類有異於今日罷。

我有時自問是否此種理想可利用以重築我們被壞底戰區呢？我常常覺得可惜，卽在休戰之日，當時駐紮在各處共有八百萬編成的軍隊，英美軍隊尚不計算在內：『現在戰事已勝利了，一切尚未完結，你總不會讓那些所拯救的房子聽其自處，在解散之前，你們來幫助我們重新建築罷。』無疑底這種同樣的義務亦應施於德國軍隊，蓋彼等毀坍房屋者，應負這種責任，理由殊為充分。假如這樣衆多的軍隊，自有戰爭以來，從沒有聚集較此為有用以做贖罪的工作，恐地球上永不能看到如此洋洋大觀，而我可說這次戰爭的損失幾可補救了。在這批軍隊之中，頗容易找得適當需用的人才來供利用，蓋大多數動員都是由公司或工廠裏來的工人，這正可以解決正在沈淪歐洲的賠款問題，而亦可以補救英美憂愁底失業。

第四節　『潑藍斯頓』中的貿易

在結束此篇關於工業操作以前，讓我們談一點和它有關係的東西，便是商業。

假如傅氏縮減到很薄一部分，只保留四分之一底時間，如對工業一樣以施於商業，則未免太壞了！他毫不願如此。談到工業家不過加以限制，但商人呢，便要廢除。傅氏特別恐懼一班商人，在第一課中當我提到一般公道價格意見時，我曾指明中古時代一班經濟學者的思想，都是痛恨商人的。傅氏亦傳襲同樣的遺恨了，這並不是因為是信教徒的關係，卻出於他個人的經驗，因為他本人終身都是經商，並由他自己所經歷或人們使他做的事業過程中遺給他一個不可醫治的怨恨。在他的著作中他常常回憶到那椿乏味的事情，卻當他在馬賽時，老板囑他將一船米丟到海裏去，他不得不聽主人命令來執行，而商人可善價而沽了，目下可說無數的榜樣，不僅僅如此而已。

所以傅立葉痛恨商人。他曾下了一般定義，甚為切當，下面便是其中顯著之一：『商人是一個依靠製造家和生產家為生的工業賊子(Corsaire industriel)』。

我們立刻可以說現在是靠住消費者為生的。

他常常表示痛恨一般商人，便聯恨猶太人，傅氏並沒有抵觸這種規則，就是他竭力反對色米人(Semite)並不在信教之不同，卻因為他看來猶太人都是有商人態度的。

假使人們認為他的制度可以實現，則商業便會自己消滅的。蓋在『潑藍斯頓』裏面，公共生活可廢除一切交換的可能性，它裏面人都共同用膳，共同生活，照他的解說，不過一個擴大的家庭，一個五百家庭的總家庭罷了，介乎家庭之中，夫婦之間，父子之間，是沒有買賣可以發生的。

假定傅氏社會制度普遍化了，那末商業將弄成何種局面呢？只不過一般不同的集社『潑藍斯頓』之間交換而已。每個『潑藍斯頓』欲得它們本身不能生產的東西，便向其他要求，而就造成貿易。我不敢形容為國際的，因為此字若施於一千或二千人底一般小集社之中，其義過於誇大，但人們可稱之為鄉間或地方的互相貿易，而它正是因為由各集團來辦理，不由人去經營，也許較個人謀利及中間人的干涉少一些缺點。由這個『潑藍奇』向別個『潑藍奇』底交易，取物物交換的方法，便根據物品性質而交換。如是一般經濟學者便說這正和國際貿易本來一樣了。但我們看來在貿易恐慌時候而無極端底變動。

這種交換將更可以相對遞減到少許物品；因爲一般『潑藍奇』應當盡其能力於『自給自足』(Autarchique），換句話說，生產一切所消費和消費他們所生產。每個『潑藍奇』限制只許購買完全外來的貨品，它自己不能生產的。並制止剩餘物品只能在它消費有餘的時候才偶然出賣。

在社員制度之下，個人貿易並不就此全數消滅，但縮減至極簡單的手續，傅氏謂不至於像目下一樣，十個人之中，有一個是商人，而只有百分之一了。此代表一種社會組織上一個大大底經濟。

此種貿易觀念未免使人感到犯幼稚病；不過它卻大有利於我們，因爲它眞正代表一種合乎合作潮流底商業制度，便是國際貿易重新再入合作聯合會之手，後者就是一般『批發店』(Magasin de gros)。(註一)

第二篇　受薪工作

第一節　薪工制度底不幸

薪工問題在傅氏著作中佔首要的位置；這是很可注意的，因爲在他同時代的人都未嘗關心於此問題。

首先就要下個定義，何謂薪工制，那種是稱爲受薪工作？假如你覺得一個鄉人，他耕種田地，並且是地主，把他地上所出產的物品如蔬菜，水果，雞鴨之類，輸到市場上去出賣而賺錢的，你知道這是一種自動底自由工作者，此種人不是受工資者，因爲他據了他工作底生產出賣而維持生活的。但若是一個鄉人是做零工者，無論薪水按年或按日支付，而係助人耕種土地者，照這種情形，此人便是一個受薪者了。怎麽他的地位有異於所謂『老板』(Maître）或地主和佃戶呢？不同者在此，即零工拋棄了他的工作出產物底一切財產權，結果便失了市場出賣權和賺錢權，而反轉過來得到另外一筆錢，便是薪金（工錢）此種價錢係與老板講定的這就是人們稱之爲一種包工契約，工作者無關企業結果的成敗，年成無論歉優，地主致富或蕩空，都不于他的事，他衹要領薪金罷了。

所以受工資者和自由工作者的不同，並不在階級之尊卑，社會地位的好壞，也不是薪金多少的問題，因爲很可能的自由工作者恐是一個窮人，而受薪者倒是一個富翁。一個大公司或一位銀行的經理，他支十萬法郎一年，或美國『托辣斯』的經理，他要支十萬美金，也不過是一個受薪金的人，但一個販賣報紙者，每晚奔波在路上賣報，不是一個受工資者，卻是一個自由工作的人，他買進百份報紙而再賣於衆人，他有他的顧客。所以受薪者的特質與自由工作者有異，即後者賣他的工作出產於公衆，即給他的僱主，而受薪者卻出賣他的工作於一個老板；不過只有唯一的顧主，這便是主人。

這種情形不同的結果怎樣呢？就是自動工作者或大或小，姑不論其大企業家或賣報小販，都具有賺錢和虧本機會；賣報小販一天發生了一個大新聞，如戰爭消息，興味的犯罪案，或選舉消息，報紙全數都銷完，便獲得很多的錢，有時他就銷不去——反之，薪工者沒有東西出賣，也許我可說『他已把他的本人出賣了，沒有別的權利可期，只不過聽顧主的工作命令及辭退而已。

一般經濟學家都說薪工勞動者底事實存在有很大的利益；的確，你想假使此種制度沒有固然充分的理由，它不會普及到幾百萬例子，而直成爲我們同類大衆底平常制度了。人們所謂利益，就是確定無冒險，而且能預計有一定的收入。實際上這是一個大善事，尤其是藉此爲生的人，我承認的。雖然，無產者變成薪工和變成放債謀利底情形相較，卻有某種可嘲笑的地方，譬如後者有錢投資，寧願先賭公債而後及於股票，使不致於冒險，且一種擔保可靠的制度。事實上無產者在變成薪工和自由生產兩者之間是沒有選擇的；他是薪工，簡單的因爲他不能作其他的東西，這並不是利益的不便或平衡來決定一個人是否受薪者，這是逼迫的。至於自由工作者一定備有大小的資本因爲人們不能無一點資金而便能從事無論何種企業，無論那種：即是賣報小販亦要有點本錢才可買進每日的報紙，所以大多數的人無資金，結果就沒有自由選擇了。

此種情形之下的結果，便是許多傭工的幸福和他們工作的報酬，都不過是慘悲而已。且看下面傅氏如何描寫薪工工作的制度：『聖經裏說得好，工作是人類一種刑罰，亞丹和他的後裔就被判罪，凡得到麵包者額上就需流汗，這已經是一種不幸了。但求得這種艱難麵包底工作，我們亦尚不能多得；一個勞動者常常失去依此爲活的操作。下面是第二種不幸就是他所得者只不過這一種工作，而勞動的結果卻歸於主人而不屬於他自己的勞動者更遭過第三種不幸，就是因主人要求工作過度所受鞭打而臥病。此外另有一種就是被人輕視和誣蔑因爲他缺乏這種面霸，也就不顧廉恥而允從事卑鄙的工作了。他更遭遇另外又一種虐待，即他既不能預先支付又不得充分的工資，現在困苦便影響將來的不安，而且當他要求不穩定的工作時，就會被拘送入囹圄中去。』

傅氏繼續說：『雖則工作使某種動物的幸福如海豹一樣，它們是很自由去酷愛惰性的，但上帝就供給它們一個社會機械主義，引導之向工業去而使其在工作中求幸福。怎麼我們沒有獲得與它們相同的善事呢？介乎我們和它們地位之間什麼不同呢？英法兩國人工作係受他們困苦家庭壓迫而恐怕饑荒所致。希臘和羅馬人的自由都已售去，做人的奴隸，所以操作係恐怕受刑，如今日殖民地上的黑奴一樣。社員式底工作會施於人一個強的吸引力，但與現在事實情形卻處處不吻合的』

其餘所要知道那幾種方法可由厭惡的工作改變到寫意的工作呢？

按照傅氏意見，下面便是幾個需要的條件，而且必須在社員式制度之下才可以實現。請注意在此課程裏而我將給你們幾種規則，後者早已在工業界實行了，反之，另外一些卻由經驗而遭捨棄了。我就此簡略底把它一個個的敍述罷。

第二節　改革薪工制度的必要條件

欲求工作能寫意，第一條條件便要處有一個適意優美底環境，把一般工廠分散於鄉間，而代替它們專集中於城市，這種可惡的工人城市在傅氏時代才是開始，此後就飛騰底擴張了。

此種為工業城市化和分散都市的觀念百年前已明顯底形成了。但不僅如此就算完事，且必須工廠方面給工人一個「優美和清潔的環境。」

請你們注意這一點確實值得讚美的，因為你想在傅氏那個時代，工業界中尚沒有人顧慮到工人做工底工廠清潔優美和舒服。這種觀念到後來很久才發生，直至十九世紀下半葉，英美才造有此種可羨慕的工廠，裏面工人覺得各方面都使他們工作舒服，供給工人勞動的地方，非特清潔而且優美，誠如傅氏所希望一樣：有圖書館輪流開放，凡是休息時間，工人便可隨意選讀書籍，有休息室，公園，運動器具，還有鋼琴，那兒至少有女工，有很安靜讀書地方，自然也有許多藏衣室，男女工人可置取衣服，又有洗盥室，浴室等。這般工廠便是傅氏所理想的，而法國差不多還不懂得。即雖一般工業家自願倣效此種格式，可笑有冒險失敗者，這不歸罪於創辦工業者，而卻由於工人本身不爭氣所致。

此種工業變遷事實上料來預先須要工人的精神改變才行。擬使工人了解此事的代價。美國工業界在他們的工廠裏沒有奢侈品，並不純為慈善事業起見，至少仍帶的審美感情。他們說值多少錢，這是美國人的表現。他們的意思就是把工人看作人類，並不視為一種生產機器，而他們既然認識這層，便對他們在工作方面施一種新味道和新天良。

在我國（指法國）呢，休息和散工以後，工人便去找他們的快樂去；他們決不有留在工廠裏尋覓快樂的意思。

第二條件『一定有嚴格的分工，以便某性別和某年紀執行他們適當的工作。』

也許看到了分工，你便生奇怪心，——它往往被人責備是麻煩，單調，和大工業制度下使工人階級損傷底主要原因——却被傅氏擺在寫意工作主要條件之中，而且很緊張的！誠然不過傅氏所想像的分工，——分成組及短幕操作——包括一種雙面的調和：工作簡單和職務種類甚多。我不爭執此問題是否如此組織會實用，——我剛纔說是認爲不可能的，——但祇不過我願把自然想到矛盾的責難分開而已。凡被招工作者，做了大部分職業，每項只專力少許時間，由此便會成功多方面的專門家，若從字原學的意思來說亦可稱爲複藝人。

照傅氏的意思，分工絕不產生單調，且吻合他所謂『翩翩飛』的。

第三條件『一般工業底幕數每日約換八次，大凡做一種農業或工業底職務，熱情不能持久到一小時半或二小時的。無論如何由朋伴組織互勵，設策和用激烈的競爭來刺激都是如此。

分組的組織，我講到農業時已經提及。並說明每組應專致力於一種嚴格限定的目的，以便同時滿足好勝精神，即所謂『神道者』(Cabaliste)，及變換的味覺，所謂『翩翩飛。』

在此種工作組織底計劃中，一定有幸福底先示和業已證明底經驗。假如傅氏能夠看到每日八小時工作底實現，自然他會鼓掌。但一般短晝制度，與傅氏的短幕制度，同日內繼續每次變換工作者全然不同。短晝目的是讓工人有時間去享受爲市民，父母，家庭及天賦知識的生活。此種思想愈是合法，那劃斷日間底小組制度，實際更覺得謬悖了。勞動的心理有一條定律，謂每次進行工作之初，就包含時間的損失我們知道無論勞心或勞役都是如此；在辦公室裏要進行寫篇文章或預備一樁考試，起初幾分鐘總覺得困難，嗣後才漸漸失去的。如果一日之中有了五六幕工作，每次掉新的花樣，自朝至暮那末浪費的時間就差不多等於利用的時間了。

假如你提起傅氏這種幼稚制度，人們便說它與目下人人所稱道的泰勞制度(Taylor system)相反，後者規定日間的工作，即一秒鐘都不會失去，人稱之曰時辰表工作(Le travail chronométre)工人一舉一動都如機器似的，絕對正確，你就可辨別抽像方法和科學方法底區別了。

我說如果即照傅氏觀念即所謂寫意工作立場而論，事實方面變換感覺和每次掉動沒有一個眞正的情趣。中學生罷，他們知道每星期一有一課希臘文，星期二有個歷史課，和星期三算術科，他們並不覺得很足娛樂的，可說絕對沒有，或一個房客知道星期中那一天是那種菜來了，如牛肉，意大利麪和果漿也嘗不到那一種趣味，反之有期規律底變換，亦毫無厭煩之處。

但是劈開此種短幕的錯誤，我想有幾項物事卻可保留的便是分工，並不含專使人們應終身盡一個職業，而反之卻能夠專究於各種工作而不失其技巧。這也許是一個工人可寶貴的財源，如俗語所說『他弓上的有幾根弦子。』

在美國一般人不知道可做多少職業，他們除被選爲大總統之外，不然，一切操作改變都絲毫不損其能力，而擁有數種技能的習慣，確是人們受職業教育最獲得住底利益之一。

至於俄國，差不多夏天的農民，一到冬天便成爲工業勞動者，因爲在此季內人們不能耕種田地的；這種分爲二次的工作有很大的利益存在。

第四種條件即『在分配一般職務中每位男子，女人和孩童在他們選擇某部工作之內，可全權處理，並隨時有干涉之權。』

『干涉』權便是在他的工作底組織中有權約束工人，亦不是一個簡單器械的權；即英國工人所謂手，所以這種約束工人的權，便成爲目下一般『生的甲』社員的主要要求，——但尚沒有設法使人了解，——若不是全體，至少很明顯底註明在我剛纔所說給你們聽底原文裏的了。

第五種條件『就是工作不再是薪工制度，而是集社制了。』此處暫止住着，因爲我們在一個範圍很大的題目中：即用集合的工作來代替薪金工作。

事實上我們由司法和經濟上在一起看來，覺得薪工制度的主要性質，就是誰做了薪工便全數拋棄了他工作所出產一切權利而歸主人了。據傅氏的意見，這是薪工境況中最壞的缺點，所以欲使工作寫意一定要工人切實底能夠握取他們工作的結果若不如鄉人之自然，——這不常常可能和冀望，——至少須要平衡些才行。

但怎能達到那點呢？人類固不能用一種圓滿的方法以代替此薪金制度。除非財產普遍化，換句話說，在某種制度裏面，每人可以成爲地主或資本家，每位能爲自己打算，而結果就不會祇租出他底手而爲薪工了。此種理想尚受某學派所疼愛，一般中等階級之同夥者所歡迎。他們想來人類可實現一種制度，在此制度之中，財產足夠分配及足夠多，如是每人就可以有足夠的部分供他的需要了。但目下此種制度又由經濟進化而全成過去因爲它包括了小工業及小生產的。而即由社會主義者立場觀察大工業的資本制度亦很可惡，因爲個人主義的情感發達到極點，如我們看見此種制度已經實現底於各國鄉村中的鄉民就是如此。

那末假使人們不願再有薪工制而卻又不能把個人小企業普遍化來代替，留下來只不過一種方法：即企業取法於勞動者共同集合起來，換句話說，就是生產合作社，現在固然是很平常，但傅氏時代卻未曾有過。而他卻已全預見這種交替傾向了；請聽罷。

『經營工業只不過發生兩種規模：即分開式，或獨家耕種的，如我們所看到的，——或集社式。上帝是聰明的分配者，不能全讓人獨自爲之，因爲個人行爲本身就帶有無組織的原子，而每位本身已足夠個人來產生許多紛擾了。』

『當某人爲他人工作時，他似乎就很怠惰，一旦有一種集社傳播於他，有財產底股份，便異常勉勵了。人家要說這不是同一個人，不再認得了。怎樣呢？這因爲他已成爲產主了，他的好勝心是爲集合羣衆而操作，故更有價值，並不爲了他個人，如一個小耕種者，除自私自利外，毫無所有。』

『集社中競爭心底影響，業已在現今狀況之下特別明顯，將來在和諧之中更強有力。』

他著名的『澂藍奇』不是別的東西，不過是一個勞動者的合作社。勞動者是他們所工作底工具土地，機器，及工廠底共同主人，他們集合全體社員指揮企業進行，並享有公共所得的結果。這毫不說他們繳納一切出品於公有之處，但則按照很複雜的一般規則而分配，關於後者，容我們在另一章敍述。

『在此種情形之下』，他說：『薪工制度和獨家企業底孤立底不便就會同時消滅。一個在「和諧」裏的工人不過擁有一部分股票，如二十分之一，便算是主人，並全算是人股了；一切都是他的財產，所有動產和土地都與他有關係的。』

第三節 最低生活的擔保

末了，尚有一個最後的條件，傅氏在原書上註一個橫臥底大『X，』表示很重要的條件。這就是人民在社會新組織之下，享受一種安全的擔保，以供目下和將來為足够最小限度的需要。

傅氏對於這種主義，——最低生活底擔保是一個很大的貢獻。這非過誇之詞，他實際不僅指目下我們所謂最低工資，即法律強迫一般企業家付與工人一種能够維持生活的勞動薪金，而在『潑藍斯頓』制度下的最低擔保，這是另外一件事體呀！

為明瞭起見不得不將勞動史簡括敍述一點。勞動史表明沒有其他的重心，不過是強制而已，強制的運用由各式繼續漸漸底減輕下去。

古代奴隸制度之下，外表是一種強迫，而以鞭撻執行之；此種已不復見於現代文明社會，或則至少不過用以作懲治方法罷了，即人們所謂判罪於苦役；然而強制仍不用鞭來執行，卻扣禁他的食物。

即雖是自由解放的人，首先曾有需要的壓迫，強制，及不免的自然律須人類勞動才能生活的強制。——或使他人替他勞動。自然，那些人最強者都贊成第二方式，而強使他人取其地位而忍受苦律。如以前他們使別人代替兵役一樣。

但繼此種強制而與一種較少慘酷，及有效驗的方式：即無產階級解放了，解放了無事可作且有餓死的危險，如是不得已出租他們之手於資本家，以獲得麪包，此正是薪工制度。強制的質雖變，但仍常常是強制。所以勞動執行於第一種方式是奴隸操作，鞭撻工作，如今很少，可以說為尊重人類自然性不再施行了。而就為了這個理由並非由於慈善心的關係，此制度漸漸底在世界上廢除掉了。

在第二種方式之下工作自然有優良的結果；不過這班人是為切身需要，或賺取麪包者，總之就是薪工而已，他們亦僅給人家一種中庸工作而已，較之自由工作的出息就相形見拙了。

誠然財產的利益使受薪者變壞，那還有何種刺激仍能決定好好底去工作呢？只不過下面兩種動機：或恐怕被辭退，或職業的良心，卽工作榮譽。但兩種動機中之前一項，恐怕被辭退，人們將由勞動者得來有限的出息，正足以免掉取罰而已。論到另外的動機，所謂職業良心問題決無不幸之處，不過感覺一種選擇，並可承認它續漸底減少。目下勞資關係的惡化，反抗現今經濟組織的精神和引起全體勞動者一種革命。此所以薪金制度不僅由社會觀察是如此，卽從經濟方面看來似乎不能持久，遲早要引起社會戰爭，那時國內工作減少，使貧窮增進。但傅氏所痛恨的危險，那個時代都尙沒有先見過的。

他不僅攻擊；而卻已指出補救方法，據他的意見，此種方法可改變工作底性質而使其眞正自由，換言之，常常願意；這種補救便是最低生活的擔保。在『潑藍斯頓』裏面，無人會被強迫做工，不用說不會用武力，更不用饑餓來對付和需要來壓迫。蓋一般需要的滿足，在有限的需要中，人人都有擔保的。卽雖一般反抗做工作底人亦復如此。但傅氏已克服人人由每人可反抗之日，而都不願作反對的工作了。

此所以在『潑藍斯頓』裏的規則，每人在檯子上都佔有位置，雖則不是頭等食品，但至少總能過好生活底膳食。

但須注意傅氏並不使用這種主義，如聖保羅(St. Paul)所說自然界似已註定：『不工作者不應有飯吃。』

第四節　小隊伍(Les petites hordes)

欲講完『潑藍斯頓』裏底工作組織表，只賸最後奇怪底一種了。傅氏曾指明一切雖有寫意工作底表現，不過常常有某種不舒適且討厭底工作該要做的，如洗滌，淸潔，和掃除糞坑等。那怎樣辦呢？強制某種社員去執行此項職務嗎？不然，決不強迫。那末須得社員的允許而付以較高的工資，以相償其厭惡嗎？亦不然，傅氏不情願以專強人所爲，以金錢利誘人們去執行他所厭惡底事。因此他便思索到一個理想能在許多小孩中找到一部分自願者，大部分孩童都很喜歡常去玩弄污穢東西，除非稍受一點教育者，而人們常常不得已和他說：你去動它嗎！你不齷齪嗎！——傅氏反說一般文明的人，教育家，父母們，不知其他只責備一般小孩，因爲是污穢的關係，反不好好底利用那種本能，這是上帝賜給他們的，如喜吃糖一樣，此事我們已在上面幾課述過了。必須利用它以組織，所謂一般『小隊伍』來造福社會，它們正是用以處理一般污穢工作的。

『集社知道利用孩童的性癖：它知道任用青年於厭惡的職務，現在這些厭惡卻以金錢而克服了，但它們應由物質順序底吸引，來克勝此種快樂，便是社會機構中之主要原動力。』所以他說明污穢的癖性是天賦的，小孩方面比比皆然，但如野果一樣，一定提鍊過而加上兩種原動力；宗教精神組合榮譽：『我誤犯斥責孩童嬉擾的弊病已久，並擬消滅機構中一班情感；就是人類欲改變上帝的工作。我所以成功，只在觀察之際，設法利用天賦兒童的性癖而已。』

『小隊伍』常常起於下層方面，從早晨三時起，便洗滌馬廐，洗刷各種家畜，豬店工作，那處決不會使動物罹慘酷，不過只要置之死地好了；一般『小隊伍』更須修理道路，和栽剪樹木等。

照此浮泛的話，未免可笑之至，人固不禁有這種感觸，卽雖道德高尚者，亦不能去操此厭煩的工作，而無強制和利誘。

此種建議的解決，確是不道德的，因爲卽使真的孩童們有愛污穢的本能，雖供社會利益爲目的，亦不應去培植和開發此種本能的，這是一種壞的教育。

但是劈開發展兒童污穢和厭煩興味底觀念，我們可以由傅氏的教育課程中，保留幾種題外好處，培植孩童勞役底興趣，此點孩童是特別發達，年紀稍長便消滅了，從此卻有幾樁事可做的，人們能夠看到在童子軍，或偵探隊組織裏面，就是一種實施傅氏的理想，它由美洲傳到法國，給我國青年界許多成功，更尤進者，新近、一個組織裏面，即我們剛才所說布加利亞建立工業軍。

此處有一期布加利亞的『回聲報』註載這個題目：『強迫工作週。』我們試讀下面教育部長的宣言：『爲通告事，我已核定某一週爲各學校的學生和教師服務之期，際此期內，望各校男女師生都應完成強迫工作。』此種工作週已於一九二〇年由三月廿二到廿九號實行。教育部長說：『在我個人方面，已看到孩子們負着小袋石子和沙屑來鋪填他們學校的天井，鏟平一個花園，費了極大金錢的犧牲，以購某種物品來粉刷課堂間的走廊。我曾看到了洗滌，清潔，和粉刷，有些孩子們，他們從沒有在家中做過同樣工作，也許從沒有執過掃帚，而現在卻欣然服務，手舞足蹈，以冀得父母之歡心。』

教育部長覺得此時全數靑年市民工業軍，因社會理想之名，而都召集來實行參加強迫工作，而學校能差使學生共同工作，這點對於教育上非常重要。

傅氏如讀了這幾頁報紙，定會手舞足蹈罷！四頁報紙都全數一致充滿了此週內孩童所服務工作的報告。從物質底價值估計，約值千萬法郎之譜，但報紙上所說，最重要的是在教育價值方面，使靑年人得着勞動經驗，公共服務和普光之下，以鍛鍊體格。

應勞動於歌舞界致之中；使學生們在一星期內停課，而去從事體力的工作，全體都會表示心滿意足的。我無疑地相信事實是如此，假如我去寫學校生活的回憶錄，若以我剛才所述的七日勞動施於我的身上，我覺得委實這是對於我個人紀念日。

第三節　寫意工作

『寫意工作』這句話，我們已常常講過了，而在傅立葉著作之中，尤不時提及：它就是其中的精華，且更成

爲哲學。傅氏常喜歡唸華爾太(Voltaire)之詩:

依這個唯一底運動上帝來領導物事。

但係由娛樂他才引領人類。

他說在上帝的意思——若不是『創世的上帝』(Dieu de la genèse)至少是『智理上帝』(Dieu de la raison)——認工作爲一種快樂。假如不是這樣一回事,那便無亞丹的桃事,但工業的改進,即我們所謂文化,把勞動變壞到薪工制度,和發生我們剛纔所說一切的災害。欲把此種工作的苦境除去,只須照傅氏所認定的計劃組織起來,換言之,照我們剛纔所說的——短幕工作,常常變換職務,游息,各組的好勝心,勞力生產結果的確定,生活最低限度的擔保,即一般不願工作者亦包括在內——而工作就立刻現出它的眞性自由激動人類的活動。

實際上爲什麽不可以呢?所謂工作本身,若不是一個活動的方式,即視爲一個確定底目的而發展筋肉和精神的一種力量,所以運用肌肉完成一種自然的職務,毫不是人生一種痛苦,反而倒是一種娛樂。怎麽任用同樣的活動,以滿足我們的慾望者而成工作的定義呢?傅氏舉勤勉的動物爲例,如海狸,螞蟻,蜜蜂,他觀察這些動物勞動,或表現其所爲之事,證明毫無痛苦。蜜蜂嗡嗡然釀蜜,這對於它是一種生活:在它們裏面的工作只不過執行一種職務吧了。欲完成它的職務,並不如一般懶惰者流,非說請不可,反之,它是不偷閒的。

雖然我們注意這點:許多動物都說是懶惰,甚至非鞭撻不走的,如馬驢之類,全供人類驅使然。這一個判斷很苛刻,而且大致說來帶點不公正的。因爲許多可憐的服役者反而特別勤勞,使人類勞動者對之有慚色。但它們工作委實是很辛苦的,爲什麽呢?因爲這是『家畜動物』,其意即它們不爲自己勞動而卻爲主人而服役。牠們是處伏於奴隸制度之下,受強迫而工作的:此刻我所發揮的題目,可以得一個承認了。此毫不足怪,在它們勞動也許可惡，而在野蠻的動物，卻視爲快事，因爲這批牲畜有爲自己而工作的情感。此就是自由工作者。假如我曾研究過蜜蜂，像許多自然科學家竭終身之力來探討，我便會明白這個問題了。蜜蜂自己疑惑被一個主人所掠取嗎？當它看到藏蓄甜蜜的蜂箇每期被人取空了時，那麼勤勉的它，豈不失望嗎？至少在我所讀底書之中，我卻沒有看一位自然科學家提出這個問題，雖有意於此，恐卻很困難的。

是否因爲工作包括『一種犧牲』(Un effort)使人痛苦和掃興嗎？然而你看一般力量消磨於所謂運動(Sports)之中，這是人類的活動之一種方式，在傅氏時代，尚無所聞，——設已視得，何以自圓其說！現在人們依戀不捨了這句寶貴的話，對於傅氏並不過誇，誠然事實上如拋幻想者所說，人們看數千青年運動員參加競走比賽，如盜身佳節一樣，具有同樣底熱感，自然這些運動，需要的犧牲，和所有一般危險性並不較艱難勞動爲少。試想要廢了多少腦筋和氣力，如一個騎自由車者，環行全法一週，一個踢足球者，一個游山者，如登阿爾卑斯和喜馬拉雅山頂一樣，或者如餘業汽車夫，每小時開快一百二十基羅之遠，在他們看來，此種活動多麽快活，焉能使此職業感到痛苦和怨恨呢？雖然，我剛纔所謂登山領導者和游客，手攀一根繩子，同登一樣的氣力冒一樣的險；感到同樣的疲倦，亦受相等的困難的。那末在這些同樣的行爲中如何去劃分快樂和痛苦兩種不同底界限呢？這正是我剛纔所指明動物界同樣的理由：此因領導者係職業而勞動，受強迫的，只少須以薪金度活，可是同樣行爲在旅客方面，而沒有其他目的，不過本身的行動罷了，他的目的卻是尋快樂的。

照此看來，人們豈不可如傅立葉具同樣的感想，假如人們把一切帶有強制性的工作解放了，它自然就會變成寫意的，豈不如獵犬狩獵，黃鶯歡唱，體育家運動，及藝術家作美術品了嗎？

大致一般社會主義者們，特別無政府主義者已完全傾向於傅氏所開闢底道路上去；他們承認事實上在現代資本主義經濟組織之下，階級形成和私有財產都使工作變成勞役，但有一天社會主義或共產主義成功了，那末工作就會變成愉快和圓滿，不若目下之無利。傅立葉在他所著的書中說，社員制度下，工作的報酬較受薪工作報酬多二十四倍。還有一點，假如你讀新近逝世——克魯包特金(Kropotkine)一班著作，譬如『麪包掠取』罷，你可看到無政府主義者的觀念，處處提起傅氏的思想，他猜想如此工作可多增出產，以供全體需要。結果就可將個人遞減到這樣一個比例，即停止痛苦而可變成一種享樂。此外一般無政府主義者均有同樣的希望，譬如我常唸的『秀拉普魯道瑪(Sully Prud'homme)詩中所說：

『假如我是上帝，無皮之美果便會成熟了。

『勞動不過是一種玩耍罷了。

『而我們再不覺得需要我們底精力了。

『假如我是上帝呵！』

總之此種見地無他，不過是使人類回到天堂罷了！其實假若人們讀了創世紀第一頁，如傅氏所記憶，說人類之被置於亞丹花園是為了墾植的；那自應勞動。如蜜蜂和螞蟻一樣，所做一種工作不過是一種自然職務幸福底執行而已。更說只不過人類衰頹之後，失去了這個特權才有犯罪工作到『汗流滿面』，換句話說，即人類平常知道和實習的工作。所以釋放一切痛苦的工作，等於拋出重罰而歸之於亞丹花園。照此人們實際上就可獲悉一切傅立葉思想的大綱，——同時可推知無政府主義者的學說，然而後者卻不意想到天堂去。

但彼此都忘記這條定律，它迄今非特支配政治經濟學，而係全個地球的，至少在物質世界之上是如此，即最少犧牲定律即在經濟學中人們稱為樂觀主義。此係進步唯一的動機，因為一切進步完成於物質底組織，——機器，勞力的組織及發明——無其他的目的，不過是縮減所需要的犧牲以得如此的滿足罷了。所以消滅痛苦底犧牲，豈不破壞了進步，因一旦工作變成娛樂了，為什麼要去把牠設法經濟呢？人們總不會設法來經濟他的娛樂罷！人類將不會努力去找尋一般新發明了。試問倘使勞力似乎沒有痛苦性，尚有勞動歷史和世界一切經濟嗎？——那末將來到了一天人們不爲需要而工作，但卻一致去尋快樂經濟和社會道應能改造嗎？

另外有個社會主義者，較傅立葉尤爲偉大，便是蒲魯東。他對於勞力別有一番見解。他說：『工作就是自己犧牲，工作係專究工作便是死亡。』但蒲魯東是一個年老的工人，傅氏卻不是，前者是一個道德家，後者則較少，此所以蒲氏未能了解工作如同一種娛樂。一種不痛苦的工作，在他似乎是一種不榮譽和無結果的勞動。傅氏在勞動表上所指示我們一般工作，人們帶著旗式古裝，歌唱等去找一部分的快樂，一切勞力的嬌飾都會覺得無味的。

如何作結呢？我承認傅氏意見，凡一種工作動機只不過是肉體的強制，理應反對，即動機爲個人利益，亦是一種下等品，但我亦如蒲氏那樣著想，凡是一種工作沒有其他的動機，即娛樂皆不值得，就是一種遊戲罷，亦覺得此種遊戲本身無益。

雖然工作除了鞭撻，娛樂，或個人利益而外，尚有旁的動機即有義務的動機（Mobile d'obligation）。此種義務含有『社會聯帶關係』底意思在裏面，蓋處於分工制度之下，工作是繫於人與人之間很狹小的距離，人人爲他人而勞力，同時亦即爲了他自己。

傅立葉無疑地要答辯這點，但你所參入這種義務觀念殆與強迫無異，這是一種道德強制罷了。人類爲義務而工作，即須服從，不爲一個主人勞動，但如康德所說，豈不是命令之一種，或宗教的命令服從上帝嗎？的確，但此種道德強制，即稱之爲工作中的自覺心，抑由進者，假使工作是包括如我們剛纔所下的定義的意思，即完成社會的職務，爲人人而勞動，那並不是一種強制行動，而卻變成親愛的行爲了。所以爲親愛他人而勞動，或敬愛上帝而工作，這意思並不是工作爲了娛樂，而亦不必恐懼工作不生產，在自然親愛中是不會無益的。

從前一般勞動者均感覺那一點，這不爲別的，祇不過爲最著名的同夥(Campagnage)，如木匠已取名『義務同夥』而已。

一般薪工若眞正從道德式宗教意思講來，皆無義務的動機，至少有點職業的榮譽，卽完成一樁優良的工作，能獲到相當的名譽報酬，如人們稱之爲『優美成績』罷了。

不幸得很，彼此兩種動機幾完全滅跡了，一般『生的甲』領袖均不否認減少，但他們只不過看到勞動者在目下經濟制度下被剝削之一種結果罷了。他想卽使盡量工作，既非彼亦非全體社會蒙其利，但只不過主人和主人背後的股東享受利益而已。

誠然，無論有根據與否，此種可怖的罪惡毒死勞動階級而使一切工作冒無成效之險。目下的歐洲正是如此，尤其是法國爲甚。

一般『生的甲』社員的結論，就是欲使勞動者熱心工作，先決條件便廢除資本主義和受薪制度，他們贊成傅氏的意見，但方法卻不一致，前者要實行生產合作社，及我們剛指出另外幾個條件；而『生的甲』社員卻主張生產工具國家化。

我們不能在此地討論這些解決案，無疑地它們也許較傅氏的來得實用，雖然我們卻疑惑他們是否能夠達到所抱的目的，使勞動者對工作發生好感，這並不是機構的問題，但是自覺心問題，總結一句，還是教育的問題。

【註一】參看本書結論章。

〔註二〕 參看荷特所著小冊子『公道價格』(le just prix)

第四章 傳立葉式集社的分配制度

第一節 根據私人財產的分配

我們現在要知道，假使『潑藍奇』組成，怎樣去分配社員工作的產品。

第一，先注意傳立葉精深的評語，分配的問題不過是附屬的，因爲人類社會所受的確實苦痛，不是分配的不公，而是生產的不足及消費的過度。這種弊病不醫治，分配的改進，實無補於大事。

第二，『分配』一字表示着我們不立在共產制度之下；否則事實上很明顯，不復有公分的問題存在了，與世上各地創立的共產社會中一般。但傳立葉卻不是共產之徒，他并且痛斥當時聖西蒙黨徒爲共產黨之流。

我們已知道傳立葉保持私人財產的原則，視此爲最足激勵工作的奮發劑；他所以要將受薪制改成合有制（Coproprietaire）者，原因也在此，他要求公同工作，藉以引起更大的興趣，公共的消費，藉以節省費用，雖然卻不強迫一切社員吃同樣的東西，用同樣大小的碗盞。但他絕不是共產主義者之分配，此種由二個相反的原理所組成的雙方面的意思，實是他學說的特點之一。

所以傳立葉不願『潑藍奇』之產品屬於全體，而應該公分。問題是在採用那項方法去公分這種理想社會中的出產。

當然啦，第一先得提取總經費，像現在股份公司中所使用的方法一樣。但我們要注意：傳立葉式集社中所提取者，爲數較大於普通的公司；試想它管理一切的東西呀！首先『潑藍奇』處理社員的宿食等。集社須付此項費用，那無容疑義；但別忘掉，卽最低限度的生活之權利，也無條件允給不願工作者。其次『潑藍奇』是一切生產機關的指導者，結果它也應該提取各組生產的總經費。

除掉此項提取的費用之外，所餘者才可公分。我們此時該靜心自問，到底尚餘他物可公分否？假如那班依傅立葉的原則而試辦集社者的經驗而言……已經有一批了……我們可知道這種問題卻不是『蛇足』因爲事實上對付集社中的費用，也有困難呢！『潑藍斯頓』發生經費不足之事，那是極可能的。在傅立葉所幻想的那種奢侈集社中，以廣大的土地，種種的設備，不取償的食品，各種宴會，及公共娛樂等來處理一千六百的殖民，使他們融融洩洩地生活着，這不是輕而易舉之事。假使我們確能有傅立葉那種智慧，依他的原理，創辦一個集社，使生產的效率，能較普通的增高二十四倍，那當然有餘可賸了！

此項淨出產，該取何種分配規則來公分呢？方式有好幾種，要言之有四，雖未實驗過，至少已被採用列於各社會主義派的綱領中了。

分配的第一式已經實現的唯一之方式，是資本家方法：利益的分配照資本爲比例，換言之，根據社員之股金之比例而定。目下各種股份公司，及經濟界中各項事業均採取斯制。

分配的第二式是社會主義派所要求的，——至少是馬克司社會主義派——所提倡的：分配照所做工作爲比例。

尚有第三分配方式，是無政府主義者的及共產黨所要求的：即依個人的需要而定。換言之，各取所需。

此外，再有一種方式，那是當傅立葉時代很著名的敵派，聖西崇派所標榜的，『各盡所能，技能依工作而定。』

傅立葉會採用這四個分配法之一嗎？不，都不適用，因爲其中沒有一個多少不違反他的主張。

他不能採用這個原則：依個人的需要而分配，因爲如此，那他接受共產主義的定案了。但我們剛才說過他不是共產黨徒。

他也不能採取聖西蒙派的方式:依個人的才能而分配,因為這是極端貴族式的社會的制度。事實上,聖西蒙信徒也確是貴族他們希望權力屬於二個有力的階級,銀行家及牧師,所謂牧師,當然不指天主教的牧師而論,卻是聖西蒙派底牧師這二個階級的結合:以現代人的目光視之,似乎很覺奇怪。

至於馬克司的方式,祇以已有的工作之數量為唯一標準而不顧及資本,傅立葉也不願使用,因為他不屏絕資本也不吐棄資本家;的確,他毫無此意!我們知道他一生切候着那班自願來投資於他試驗工程的資本家。傅立葉絕對不贊同一八四七年宣言中著名的那個方式之意義:工人的解放只能由勞動者自己造成。不,他的思想卻相反,工人的解放,只能由好意的資本家動手。

照此而論,傅立葉將與資本分配法相連合嗎?換言之,依股份作比例的分配嗎?也不,原因很明顯,我們早知道了:因為傅立葉不贊同薪工制度。在一個集社中,若一切的利益都分配於股東,這不啻說:工人只收受薪水而已,事實上股份公司均是如此,同一切資本企業一般。

第二節　傅立葉式的分配

那末,傅立葉發明新的分配方式嗎?下邊便是他所採用的:

(一)每個勞動者的報酬,以利息分配額計算之,不以薪水為標準。

(二)無論婦孺,每人的報酬,均以「資本,工作及才能三者為比例。」

此是舊法,毫無新穎可言。傅立葉即採取上述之三式為根據,雜用之作一綜合式而已。並且「各取所需」之方式,雖未明言,亦未盡棄於「濮米斯頓,」蓋無條件的最低限度之生活,保障全體社員的。人們說其屬於新創，但在社會科學中也毋須去探求來歷。一個大社會學家樸雷（Le Play）說：一生工作所得的經驗中最妙的發見就是社會科學中毫無東西可供新創了。

傅立葉別處創見特多，此處不曾施其想像之能力，對此我們所以不該吹毛求疵，特別指摘之。宜注意者，上述三者——資本工作及才能——於分配時之比例，究竟如何？根據他平時謹慎的習慣，傅氏用數目來表明他的著名之方式。他分淨出產為十二份：我們今日都採用百分法，傅立葉卻愛用十二分法，蓋事實上後者較優，十二之數可以二，三，四，六分除之，十之分數僅屬二數而已。人類僅有十指，實屬不幸，若有十二指，一定有人發明十二分數之推算法了。

傅立葉分淨出產為十二份，各位應得之成分如下：（註一）

工作：　十二分之五。

資本：　十二分之四。

才能：　十二分之三。

總加之，即得十二分之十二。

此種分法，資本的待遇不壞：十二分之四，或三分之一，是很大的部份了。我自問，若依今日之制度計算，資本之所得者包括利息，花紅，地租，贏餘，利益，并由消費者及薪工者之掠取，費用之擴大，到底有多少？能得更多之數嗎？試觀察法國之收入，大戰前為三十三或三十五萬萬金法郎，譬如讓我們以十二來除。三十六萬萬，根據傅立葉之方式資本應得十二萬萬；我不信資本所得一切會較高於上面剛才所述之數。由此觀之，傅立葉之分配法，大概有些中產階級的色彩；他造成該項分配時，心中或許充滿着切候資本家降臨之成見呢！

工作的待遇當然較優於資本，十二分之五；但我不信這個比例會使工人的收入，能較目下更多，因為三十六千萬萬中十二分之五爲十五萬萬;若包括一切勞力及勞心的收入薪水呀,待遇金呀,名譽職薪呀,至少也可得到此數。

至於才能,傅立葉賜之十二分的三,或四分之一,試問這個比例是較高或較低於現在制度下所得之數嗎?

爲明了其中原委起見,先得知道『才能』一字究作何解?傅立葉對此表示何意?經濟家的分類中,『才能』不佔什麼特別之地位;它不過是工作之一方面而已,大概指勞心的工作,但不專指此而言。蓋各項事業中都有才能之爲物,非但藝術家可有之,手工人亦可有之。

『才能』在公共事業及機關中,使賦有此項才幹者能較快地達到最高之薪水,官員則能較快地榮陞到最大的官職而已。各項自由職業不同,文人,律師,醫生,高等藝術家,技師,雕刻匠,戲院或電影院之職員等錯綜紛繁,各以命運爲歸,有的得了才能即可博取特別的報酬,或竟驟成巨富。但財富是天下最高目的一件東西;因爲電影明星或淫穢小說家的才能,往往博得百萬之金,牛頓(Newton)或巴斯德(Pasteur)的天才,則並不較其他同事所得特厚耳。發明家或文學家之終結,往往頗困於窮苦之中,命途多舛,所懷不過,則亦同出一轍耳。

尤有進者,該題應以經濟的立場解釋較優於道德,才能於分配時得較大之數目,究屬公平嗎?公衆的意見不很贊同此主張;它雖不鄙棄以才能博取金錢的天才家,但也以諷刺的口吻評論之。對於博學之士,它反極端佩服,——法國不乏此項人才,——因爲他們不利用他們的發明或筆頭以襲取更大的收入。

其實呢,才能之爲物,對於幸得此賦者已是一種很大的權利,不必再增以富貴等別項權利,使造成一鉅數得的那種不公之機會了。童話中謂有一個仙女將天才賜於搖籃中新生的嬰孩，假使父母等再要求她此外你再賜他多少金錢，我想那位仙女一定以此爲無理之苛索，連已賜的那項贈禮也將收回了。

若專以經濟公平之眼光爲立場，則天才確是天然之賦賜（我記得雖然比豐 Buffon 曾說過天才是長久忍耐來的。）至於富源如礦泉大油井，土地等，經濟家也難判斷由租金之獲得；有許多人并反對之，他們同意於社會主義派而宣稱關係不化錢得來之天然富源，也該不取價於衆人，換言之，它是屬於公共的。最好理由才能既也是天然富源之一，當然也不該有特別的報酬了，職此之故，聖哲的誡條說：『無報酬得來者，也無報酬賜送之。』

假使傅立葉以出產的四分之一送給才能，意思是優待得有優先權的才幹者，那賦有此才者爲數很少，而有機會享得此項優待者，更如鳳毛麟角，他的主張於是未免要引起紛爭，有討論之餘步了。況且才能之爲物，將如何辨別之，如何秤量之乎？此題我們將於下邊討論之。

但我可相信：傅立葉之所以特將一部賜與才能者，意思在特別報酬管理及組織之工作，藉以鼓勵每組之一般領袖耳。

其實以經濟及道德的眼光觀察，才能有時可要求一部分富利之權利：這是他自己成了生產之一個份子了，譬如在發明一項中，發明不是創造新的富源，因爲人類不能創造什麼東西，它不過發見新的利用方法，換言之，它更善利用固有之富源而已。理論上，我們不能忽視發明家對於新發見的利用法之優越權，事實上雖時被忽視，或由企業家以低價購得之。

除更善利用事物的某種才能之外，再有一種更善利用人員的才能：這是指揮的才能，領袖知道團結多數人的力量，使由此團體中發生一個總價值，較優於簡單地聯合個人的價值之總數，則工作之生產量莫大於

此者矣，

兩事之報酬，尤其對於後者，卽俗稱嬴餘或利益；簡言之，稱之爲領導的薪水罷了，蓋在我們合作者目中，嬴餘這個名稱係指價張受供求律果之支配而言，非指工作領導發明或組織結果之利益而論。反之，至於因領導發明或組織之故而所得之報酬，那是工作——也可說是特別的工作——的簡單報酬，人們如馬克司派一樣，可稱之爲優越的工作（Travail qualifié）。

第三節　各組間的分配

總而言之，傅立葉的方程，不過將我們社會中的分配法歸納成形，似毫無革命可言。但這僅是更複雜的分配制度之初步而已；蓋我們不可以爲工作應得的十二分之五，將平均分配於工人間，資本應得的十二分之四，將平均分配於資本家，才能應得的十二分之三，將平均分配於各組領袖。不，我們現在討論到一個新的分配制度也可說是第二步的分配法。

由資本說起，我們將如何分配那賜與資本的十二分之四呢？在今日的制度之下，這個答案是最簡單了：以各社員所有的股份數目爲比例而分配利益。傅立葉也如此解決，但加以有趣的限止。我們卽將敍述此點。於此先得聲明：傅立葉並不仇視股份公司的制度，它雖是資本制度的特點。傅氏標揚的熱忱，不較少於自由學派的經濟家，最可注意者，當他時代股份公司還不曾像現在那麼發達，但他居然抱此種態度，豈不更令人驚嘆呢？他說股份之爲物，以財產而言，較優於古式的地產或金錢；蓋貨幣若不投資，不能生產什麼，並將有被竊之虞；「一個股份卻相反，不因盜賊，火災，地震而失掉，因爲他是記名的，有三層的登記保障之。該項登記爲更妥當起見，保存於各處，換手時須符合已登記的主戶才發生效力。」傅氏以爲記名的股份是不能作贖還之用的，但是可換主的，這使股東能實現它的價值，幾乎同他若有償還權那麼一樣便利。這些性質均爲統治股份公司的法律所承認，以上所說『潑藍斯頓』的股份無異於普通資本家的股份。

但事實上不盡雷同，所異者在此。我剛纔在上面已經提及了。即在『潑藍斯頓』集社中，各項股份依其性質而列爲等類：銀行的股份（Action bancaire）（我用他的字語）這是關係金錢的；土地的股份（Action foncière）這是關係土地的；工人的股份（Action ouvrière）這是關係工人的貯蓄金及花紅的利率，依股份的性質而殊異。銀行的股份最低，工人的股份最高，但即使在最低的利率中，我們的資本也已很滿足了；事實上銀行的股份可得百分之七到百分之十，工人的股份可得百分之三十。

依這資本的性質及價值，而分列資本的報酬之多少，這不能不算是一種新見，資本制度之下，尙未論及之：在我們的股份公司中，如魯斯及兒（Rothschild）及洛克福兒（Rockfeller）有一股等於一個窮人的一股，——他全數的家產只有這一股而已。拿得利益兩者一樣。較在匿名的公司中，只知其名，而股東本人不相識，若貨幣之不相識然，情形更佳了。

在『潑藍斯頓』中，對於三項股份，并但有殊異的利率：就在一項間也有更細的分別。以工人的股份而論，代表第一次作爲股份的經費所得之花紅特別多；譬如第一次工人所納千法郎，可得百分之三十；第二次所納的一千法郎，則得百分之二十；第三次的一千法郎，僅得百分之十八而已；依此類推，我們知道此項利率漸異的緣故：全爲鼓勵貯蓄者也。傅立葉採取此意，——其實很公平，——蓋各項資本不代表同樣的努力，節慾及儉約，後者也許是從儉約及長久的苦痛所產生的，前者卻由微笑中呱呱落地的。於此我們知道自由經濟學說之弊端了，它對於一切的資本都假定爲同一的性質，就是從節約或節慾而來的。——係照英國經濟家薩尼阿（Senior）所用的著名之詞得來的；也不顧問，而視爲一體。薩氏所以用此種冠冕堂皇之名字者，目的無非為辯護其利益而已。假使提及工人的節慾是有理的，換言之，工人把天天從微薄薪水中節省下來的小錢，貯存於貯蓄會或合作銀行，此事是値得注意的；至提及資本家的節慾，當然是笑話了。資本家的收入鉅大，絕不能盡行揮霍，不得不存諸銀行，此項節省安能視為節慾儉約或累積乎？毋寧稱為省事耳。資本家若不投資，便不知如何處置了。

這是傅立葉在各項資本間所列的分類的意義，從道德方面着想者多，從經濟方面着想者少。雖不很實用，在法國及外邦卻已有部分的實現了，某種平民銀行及某種貯蓄銀行卻已實試傅立葉之方法，換言之，對於第一次所納入資本特別給以重利，藉此鼓勵貯蓄之美德者，不乏其數。

再言工作吧；那應得的十二分之五，將如何分配呢？同樣的平均分配嗎？或以工作的時間為比例而分配嗎？傅立葉於此發明一種極複雜的制度，我僅述其大略於下。

關係工作的分配，他分成二等級。

你們知道在『滲藍斯頓』裏的一般勞動者合成許多小組，報酬的分配卽依各組而定，非平均分配的。和剛纔資本一樣，各組分等級，共分為三種：『必須』的工作，『有用』的工作，及『愉快』的工作，各等所得報酬的係數均不相同。譬如『愉快』的一等僅得一份，『有用』的一等得二份，『必需』的一等則得三份，此數係我自己所假定者，不是實數。但誰來定各組分班的次序呢？以什麼為標準呢？在現在的社會制度之下，工作的分類及各類報酬率，均以該類工作在公意中所估之地位而定，公共的職司佔第一位，如外交官員，有所謂『職業』(La carrière)者，如自由手藝及美術的行業者次之，最髒最苦的手工，如路上的礮石工人，或小路上的淸道夫等則佔末位，有時農夫也列此類；工作愈輕便愈愉快，有時愈無用愈有害，所得之工資則愈多，工作愈痛苦愈厭煩，有時愈需要，報酬則愈少，此種分類，豈不可笑？古典經濟學派密爾(J. Stuart Mill)非議之者，實屬至當！

推究其淵源，該項分類制度，則出諸社會的習慣及貴族的特權，在一個合理的勞工組織中，當然全不適用了。傅立葉的制度中也絕對屏棄之。

然請問採取何種標準以定各組底等級呢？或曰：依最需要的性質而定，以各種食物開始，如產生食品中之麥粉及麪包而應奢侈之需者，如種花則降居末位嗎？

傅立葉的分類所根據者卻不是需要的性質，而是工作的性質。我們別忘記，他的組織之軸心是寫意工作，但任他如何計劃，總不能使一切的工作都同樣的愉快有趣；他於是設法使愈少興趣之工作報酬愈高，藉以補償一切。此項報酬非僅限金錢而已，并增高其地位。因他不願以金錢為工作唯一或主要的動機。照此人們可說『潑藍斯頓』中分類的大綱及工作分配，將會與以先的文明社會相反了。

他的分類中所以將『小隊伍』(Petites hordes)列入首位者，原因即在此：我們知道『小隊伍』辦理洗掃運糞宰屠等事，總言之，一切厭煩之工作。此項工作，則列立首位，視為必需之類。以前忽視之某種職業經大戰而躍登龍門，戰後復不失其價值者，如男女看護之工作，在『和諧』之間，佔着最高之地位，所以也列入首項，乳母亦如此。

『人們分別工作地位之先後，則以各業所供給的厭煩之艱困及愉快之成分為反比例。』

至於麥粉及麪包之生產，傅立葉視為已屬過去之業，不久即將消除，其原因已備述於上。所以他毫不提高農人或麪包工人之勞動於公共注意之中；雖然他否認並不因為效用的理由，但係他們所包括的痛苦而煩厭之犧牲，其實他也未免過甚其辭，無疑底他可否將它們列入『必需』之類，俟其自己消滅淘汰。

但既不依物品之性質而製定各組之等級；那只有『潑藍奇』自己每年在它的大會中，根據我們上述的原理，以分類各種不等組。其實某種工業可因環境之不同而成「必需」或反降為「愉快」之工作。譬如我們今日所處之時代，工作之應列入必需一類者，當為建築房屋事實昭彰，無庸多言。

第四節 個人間的分配

既述依各組分配之後，現在當論及每組工人間如何重分那整個承諾的部分了。分配當依工作的鐘點而定，如此我們又回顧到社會主義者的定義了。但傅立葉在此也允許個人的係數之存在，此種係數者，今日我們所稱之工人的獎金。然他尤其允許給男工者較女工為多，至少在開始時是如此；以後二性若在「澄藍斯頓」裏達到相等的生產時，那可將係數改變了。

其餘尚重分整個的一份（十分之三）係分給那第三因子「才能」的，我們確不易知道將如何從事這進步的分配法。

我們已說過實際留給才能的那一份，似乎應該祇提高每組總理指導的薪水就够了。但事實上卻不然，工作的組織任它如何民主化，人們共同工作而不需要一個領袖，那還不可能。「才能」所得一份，實際上不免同各組總指導應得的指教相混合。但我們還得知道如何規定此項指數。

我們都知道去找一個標準來賞識每人的才幹，是多麽困難。我們可採用普選的制度，或由特殊的團體來選舉普通名之曰「特選」(Cooptation)又法蘭西學院中之學會均採此制；——或如許多公共機關中採取考試的方法，——或用指名的制度，換言之，由政府指定之，如許多帶有政治或行政性質的公共機關中所行者；——或結合數法，尤其注重最後二法——但無論如何，我們均知道其間沒有一法能發生滿意的結果，換言之，能辨識最有價值的人物使之充任已定的要職，某種人物使之做某種工作，其困難之情，匪可言宣。假如抽籤的方法不產生相等的效力，此點人們便會自惑而失望了！況且此項分法，就是雅典藉以指定法官者，我們知道現在在狹小範圍中，依然採用之以組織審判官的。

普選制度之不能賞識才幹，鐵證遍是，不必贅述。就是由特殊團體選舉，簡稱爲『特選』者，也謬誤叢生，各哲人會（Académies），的歷史上類能道及之：蓋黨派的陰謀，妒忌及炫才，所爲害者，實較公共的選舉爲尤甚。考試一制，各民主社會中目爲最善之選法，事實上也不盡然。一個年老的教授，在候補員法官，及主席的選舉中，曾有一番考試的經驗，他說此制只有不確的結果而已，蓋考試合格的人也常常庸碌之流，等於人生奮鬭的各式中一般勝利者一樣。它唯一之優點在免除私見及獨斷之弊，其實連此點也有問題呢。

所以誰能發見這塊辨識社會人才之寶石者，誰能發明『測量人才器』（Capacimètre）者，此人對於社會實用之功績實較任何發明家爲大；發明印刷術者或發明蒸汽機者，也將望塵莫及。但我們不知如何，也不知究在何種狀況之下，才能從事此項發見，豈非不幸之至！傅立葉於此也不曾供獻新穎的曙光，他所採取的方法是如此：由社員選舉，以定才能，當然他也承認此制有弊端，但他相信『發藍奇』已是優越的選舉團體，因爲它只含有限的會員，而且公共生活，在同一組中公共工作，及飲食同棹之事實，已使他們個人間有相互的了解，而能藉此公平無私地辨識每人確實的優點及才能。

恐怕這是一種幻想而已，試觀由一個傅氏信徒所創立的一個集社，脫胎於『發藍奇』式的即季斯底『發米斯頓』之歷史，便可見其一斑了。總理哥丹（Godin）曾試用社員普選的方法，以指定最能幹最有價值的人才；但他自己說，結果是多麽失望。當『發米斯頓』會員選舉時，或各組投票，以辨識誰最能幹，誰最有資格取得較多的一份，第一次選舉的結果被選者常相等於選舉者之人數，每人都投票自己了！這也不能怪他們，蓋即使在莊嚴的教皇選舉會中，主事者也特別審愼，防範主教的選舉票寫着自己的名字呢！從報上可看到這一類事，為免除此弊起見，選舉完結時，選舉者均得於票上簽名以符事實。

的確，有人可以說：在『發藍奇』中，不選舉教皇，也不如『發米斯頓』中分配獎金。所選者不過是指導全體工作之領袖而已，結果呢，選舉一個能人確將有益於工人自己。在直接根據傅立葉主義的生產合作集社中，一班指導者是由社員選舉的，選舉結果，卻很圓滿，試觀該社發達之情形可知。

有幾項工作，如自由職業等，不列入類，結果不能依工作的鐘點也不能目為指導的工作而計算一切。醫如醫生：傅立葉之報酬的方法，確很有趣。

『在文明社會中』他說：『醫生的所得，以他所治病人的數目為比例；他所以希望病症增多而蔓延，尤其對於富人；但在「和諧」所受的影響卻相反，蓋醫生之報酬，全視「發藍奇」生產全體的利息之多少而定。』他們的報酬所以也歸入那提取的總經費之中，此事我已上述了；它包括一種分配額千分之一。『發藍奇』全體人之康健實關係全社生產之力量，全社生產之多寡，卻又直接影響到醫生之收入；一年中病人及死者愈少，醫生之所得則愈多。通計的死亡表每年公佈，如現在大城中公佈的一樣，醫生的待遇，則以去年死亡的人數為反比例。這個意見頗新奇，而有趣。在『和諧』中醫生之利益，所以相同於保險人壽者的利益：竭力設法使死亡率減到最小之限度。

第五節　利益及各階級之鎔和

傅立葉為什麼想出如此複雜的分配法？這是有意的：他於此項組織中，看出了解決根本問題之方法，——經濟中最困難的一個問題，——即個人利害及社會利害之衝突，該項衝突是想解決社會問題者之焦點。傅立葉想將全部之收入分為許多部份，各人雖有不同之銜頭，或相反之名義，卻都有權利享受之，如此，可以把個人的利害鎔化，沉沒於一組的利害之中，一組的利害後鎔化於『澀藍奇』的最高的利害之間。

已論及的那個衝突有旁的解決方法嗎？是那幾個？

下邊是經濟家很簡單的解決法：『一切祇任其自由，因競爭律的結果，因供求律的消長，因個人利害之衝突，社會的需要最後可以得到滿足，使社會效用達最高點。』「這種信仰是做一切政治經濟之基礎。或者至少是古典經濟學派的學說之立足點。

對於個人利害及公共利害間之自然調劑，不發生樂觀思想者，則於個人利害的所有限制內，設法解決該項衝突：——個人利害之限制不一，有當局所使者，如工業立法對於廠主及工人自己之限制，或法律對於地主之限制，有以道德宗教爲名，使個人自動加以限制者，因爲後者的影響，罷工中有人出而調停，對廠主及工人說：互相放棄要求你們全數的權利吧。正如像在擁擠不堪的大車中，有人口角，旁人曰，別爭了，省事一些吧！各人擠擁一些就得了！這是改良派的口調。

旁的過激的主義或者說：個人是一切，社會的利害不過一種空談而已；——或者提倡相反的宗旨，個人的利害在社會全體的利害中談不上什麼，個人只是社會中一個微小的細胞而已。

傅立葉之新見在於他鄙棄那三個解決法，他不愛他所謂文明的放任主義。其次他對共產黨以恐怖來解決方法亦不贊成；對於道德或宗教的解決法，使個人以公共福利爲前提而犧牲他自己之利益，他也屏棄不用。

這是他所發表的意見：『文明的階級（對於經濟家之資本解決法而言）只知以所納多少而平均地分配資本這是一個數學的問題，而不是聰明的辦法，其間弊害百出，使各世紀都望而卻步，阻礙研究，莫此爲甚。對於第二分配法共產黨的解決之道，只玩弄一切財貨之歸公，而忽略全體之福利，這不啻使人不敢顧問集社的問題了。』

那末他所提議的解決法到底怎樣呢？下邊便是他的意思：

『使一切的和諧者走到深刻的公平之道上，其唯貪婪之印象乎？這是貪婪之勝利，雖不齒於道德家之口。上帝若不預知它有益於公共的均衡，必不產生這個慾念（貪婪）貪食一事，雖同爲哲學所鄙棄，卻於興奮的慾念中成了個人智慧及調和之要道，此已證實，無庸曉舌了。「貪婪」亦然，發生相同的效果，它是分配的公平之要道。上帝創造我們的情慾時，所以盡善盡美，得其爲之之道。』

然請問：使一切個人的本性，利念，情慾，及（他毅然採用此字）貪婪，任所欲爲，就夠了嗎？

假使我不談下去，你們將說這不過是放任主義變形的宗旨而已。但不是此，蓋傅立葉定了綱領以後，即以組織的那個條件限制之：任一切的情慾，貪婪爲所欲爲，但必先將它們容納於極複雜的一種機械主義之中，結果呢，他以爲可使個人的利害分成小塊，并互相仇視。如此，個人利害及社會利害之衝突因仇視而消除了。

假使『和諧者』個人像知識階級那麼只專門一業，假使他只是石匠，花匠，木匠，那每人將專心從事其業，石匠則竭力產生石料的結果，木匠產生木材的結果，但在『和諧』中每個男女均結有十餘種不同的職工，換言之，參加十餘組，誰肯特別竭力從事其中之一，每人爲自己利益起見，不得不相背於文明階級之所爲，而完全投票於公道及正義。

爲明瞭此說起見，余『潑盎斯頓』中一人的生活來代表之——普通稱爲一個『和諧者。』他參加二十，三十或四十種不同之組別，或爲園工，或爲建築工，或爲鎖工，或爲廚師等。你要知道每組都有不同之係數，或屬『必需』組，或屬『效用』組，或祇屬『愉快』組，結果同一之人聯合於帶有不同係數之各組，分類時，——此種分類蓋斷定每人應得之數——這位社員是許多組的組員，他知道他所屬的各組都不能列入首位，於是不會偏愛一組了。

對於『才能』一份也是如此，每組均有一個或數個領袖可享受才能應得之一份；結果，每組中至少有一個工人也許有幾個能有權利取得才能特有之那一份，今年不得者，明年可有資格取得之。如此他不輕視，也不鄙棄那才能應有之一份了。至於資本應得之一份，我們別忘在『潑藍斯頓』中幾乎每個社員都擁有一股或數股銀行的地土的或工作的股份，結果他們不會忽視資本那一份了。我們於是知道傅立葉下述的言論了：『將個人的「貪婪」吸收於每組集合的利益之間。在和諧中，利害相合，各人都是結合，豈不是利益的比例，視工作而定，各人於是均希望全體發達，範圍內一小部所受的損害，各人都將感到影響嗎。』

傅立葉以鐘表來代表他將來的集社，鐘表的輪盤之動作，只以個人利益為前提，只想自由自地轉動已足，但每輪與他輪相關，不能單獨行動，結果全部的輪盤不得不一齊轉動，以產生所謂正確鐘點的那個『和諧』。

從傅立葉的解決法中，依然可以看出下邊一個現象：即階級融合之成見，馬克司主義之特遭見棄。

我們知道社會主義者，尤其對於馬克司主義派，以為在現代社會中一切經濟制度根據於二個階級之相互仇視資產階級與工人階級——此項階級爭鬪是全部歷史之關鍵，直至資產階級被併吞而後止，我所以不說工人階級者，因那時候將不復有階級之存在，但在一個一致的國內了。

馬克司社會主義者只論及二個階級：他們堅持只要二個，因為有了二分之事，才能產生衝突。

天主教派及樸雷 (L'École de Le Play) 學派的經濟學者則曰三個階級，蓋添上了一個中產階級了，他們以為中產階級有益於社會之安全者實大，它是二個敵派中之緩衝機，雖然或許要受雙方的攻擊。

傅立葉卻算為十六個『文化中有十六個階級，奴隸階級除外。』

他所以不否認因階級而起的支離也不否認支離造成的敵視，他說，文明的社會在一個玄妙的鏡中觀之，則爲雙梯式的等級:『怨恨的梯是往上的,鄙視的梯是向下的。』

但他希望他的制度能實現階級之融和,其制卽將階級分爲小組,每組均有一切階級之代表,貧富貴賤,工人及廠主,——如今日所謂以縱的分類來替代橫的分類。由此觀之,傅立葉的制度或可目爲最近代制之先驅了。蓋世人論及之者爲時不過三年而已,在英國名爲基爾特社會主義,或曰組合社會主義(Le socialisme corporatif)。

在法國勞動同盟(C.G.T.)所倡議的制度而計劃於不甚著名的『勞動經濟會』(Conseil Economique du Travail)——這個暫時的會係聽牠作主,取『工業國營』——其名含糊不明,不過它爲將來職工的組織之根基,每種工業自己管理,並以所出產物的價值分配於會員。

此與工人『生的甲』計劃相反者,有廠主『生的甲』計劃,此爲屬於政治中極右派的一班經濟學家及工商業場中的要人所主張,這個『新經濟』(註二)也以實業職工組織爲根基——但當然其間不屏除廠主。像傅立葉一般,他們希望該會會員中——手工人,工程師,技術師,發明家,財政家,工業領袖——合成社會聯帶的精神,及對某事業合作的情緒。

這般制度之中,有一共同之現象,將經濟的治理權歸諸職業團之手中,——或爲工人的生產者,或技術家的生產者,或爲資本家的生產者,——這就是合作者所以不能與之結合的緣故。

傅立葉組織的則沒有同樣的困難,因爲勿要忘記『濟盡奇』是一個生產的合作社,毋寧說是一個消費合作社。傅氏名之爲『家庭會社』,意思就是擴大的家庭,其間的組織均以最大而最經濟的消費爲着想。

【註二】 這個方式已由大部分生產合作社所實行。此外傅立葉承認十二分之六歸勞動,十二分之四歸資本,十二分之二歸才幹,此種分配爲彼所歡心,由於下面這個奇怪的理由,卽『兩項極端數目的總和之等於中數的兩倍』。

【註二】這是此派中一位代表爾洽佛羅（Georges Valois）所採用之書名。

第五章 傅立葉學派及其制度之實試

第一節 傅立葉的先見

傅立葉不是一個博學家，此非其過，蓋他幾乎一生是商店中的夥計。但無高深教育者亦可有科學精神。傅立葉卻不然，缺乏此項科學精神，卽有之，亦鄙棄不用。但同時他自己預立了一個方法的根據，若堅持之，此法將有極好的結果，可惜似乎施之以顚倒，他的規律所以可說就是他全部學說的確評，試觀其下：

（一）觀察我們所欲知之物，不宜理想。

（二）與試驗的眞理相附，祇承認試驗已證實的眞理。

（三）堅信宇宙間什麼都有關係，各部份之中有一個統一的東西存在着。

此是確論，卽在今日亦無有出其右者。觀察之，以試驗證實之，承認各律理各事實之相關相依，這豈非是一番妙論？但我們雖承認傅立葉的觀察力很銳利，上邊已舉多例，他的觀察卻爲一種將近病狂的想像所掩蔽了。當他勸人別想像所欲知的事物時，他不畱在譏笑他自己。

在他的目光中，事實不是建築他制度的磐石，而是小丑般藉此可以躍升星球的跳板。

舉一個例來說吧：他如何表示人類社會的進化：人類的進化爲期八十萬年，可分爲四期。第一期是童稚期，只有五千年長久。它自己再分爲小時代，第一亞丹樂園時代，第二是生番時代，第三是蠻夷時代，第四是文明時代，我們現在還逗留在此時期。

那末上升期來了，始爲保證（Garantisme），繼爲「和諧，」「爲時共三萬五千年。它一到了極點，則卽入衰落期了，此期為時三萬五千年末期是五千年，與童稚期相同。人類的歷史，便從此告結了。

當然我們不能責備傅立葉不知別人在他身後所發見的東西——譬如文明時代多延長了五千年，因為埃及文化已很高進，去時遠在耶穌基督前四千年，蠻夷時代則有數十萬年，至於亞丹時代則不過是黃金時代及已失的天堂之一種神話而已——但我們有權非議他說他對此無知識，尤其關係以遺恥科學的可笑的準恰來裝飾他的夢想。

不談歷史而轉談心理，我們也可看到相似的因果法。統治人的情慾共有十三種：其間五種是個人的，因為它們用以滿足身體及生命之需要，換言之滿足視覺聽覺觸覺味覺及嗅覺之五知而已；——再有四種是『社會的，』因為它們確定了個人與同類的關係：這四種是愛情友誼，血統，願望；——其餘三種，稱為『分佈』的，因為它們將個人歸納於已定的組別之中：如神通者，輕浮者和解者，最後一種是和諧，它綜合一切。

在那社會的或分佈的情慾之階級及三角鏡的七色音樂的七音七行星等之階級間，傅立葉也定立了關係及相稱，我於此略而不述免瀆清聽。

他所謂觀察而不想像者在此。（註一）

他雖缺乏科學之精神，但有一種想不到才幹而確實驚奇的推測力，更奇怪的，此種想像絕不根據任何科學之範圍，他也有占卜的靈感一種，第二視覺的天賦，像神話中的天神及今日稱謂通靈者（Médiums）所有一般。

比國大社會主義者樊迪文（Vandervelde）最近剛演講一次，題為『馬克司的預言，』若有人演講『傅立葉的預言』那更合理了，三十年前，我也確曾以此為題演說一次，現在此所的課不過推廣其範圍而已。（註二）

我只將預言中最著之點重述於下。

在食品類中，糖及糖果已恢復今日有許多衛生的理由辯護了。

在生產的組織中，南美北美各省的園藝術自此大發達了。

工商及運輸業中，預見將採用最迅速的交通方法，或由地上或由空間或由通海洋的運河。

分配的範圍中，將成立工人的合股社，即現在所謂工人股份制者，這是絕對實現傅立葉所給的方程。

教育事業中，將組織大批的童子軍，傅立葉若見這些青年兵隊，如他所謂這些『小隊伍』列帳於林中，受課於眞紅皮（Peuxrouge）的領袖，管理牲畜，以每日做一善舉爲責務，他將感到如何的愉快啊！

此外，我們還得注意同情於牲畜是傅立葉學說中仁慈特質之一，使兒童愛護禽獸，以此爲教育之一部，這確是表示細巧心理及良美心魂之一點。

其餘如兒童花園，男女平等，國際言語之統一等，傅立葉也論及之。

他書中充滿着旁的先見，足使傅立葉於社會主義的歷史上佔一地位而無愧。

第二節　傅立葉學派在法國

自摩西以來，常常一班有志嚮者，曾詳細建議計劃而不能見其實現，傅氏亦遭此不幸。可是他每天切待着的資本家，末了卻如願地降臨了！他是塞納及奧窪斯省（Seine et-Oise）的議員包台究賴君（Baudet-Dulery）係該省的大地主，在一八三三年，——傅立葉死於一八三七年，所以這是近他的死期了。——包台究賴列爲傅立葉末年所集合的門徒之中，盡心從事一切，對於傅立葉最重要者，即他傾囊襄助以實現其計劃，他出賣地產之一部，轉買別的土地，而在孔台蕭坂格地方（Condé-sur-Vesgres）成立五百垎（Hectares）的一塊大土地，該處位置於塞納及奧窪斯省的一角，離巴黎不很遠，他在那邊組織了一個會社，依『潑藍斯頓』的制度來開墾土地，資本爲一百二十萬法郎，分爲二千四百股，每股五百法郎，包台先生則應募其中之最大部。開始時原定接收自五到六百的居民，我們記得整個的『潑藍斯頓』應有一千六百人，所以不滿整個『潑藍斯頓』的人數。

召集石匠及建築家後，便開始建造『潑藍斯頓』但不久即作罷，原因有二：第一，找不到必需的資本，購股者不甚踴躍，包台氏很慷慨地擔任一切開支，卻不能一人單獨組織會社，蓋如此，不成其爲『潑藍斯頓』而變爲個人的事業了，結果即有財政上的成功，也失卻社會的經驗，以社會的眼光而論，毫無所得。

第二個失敗的原因，傅立葉自己不鼓勵那位好人包台先生，不作精神上的支助而無好經驗的表現。他以爲時機未至，不可輕率從事，在一本書中他自己說：

『我所說者專向推測的建設家而言，我到的地方，什麼都一帆風順，雖缺乏富足的方略，也不會發生謬誤；我不在的地方，旁人便幹出畸形的事來了，無經驗的舵工會顛覆船隻，責任卻推在我的肩上，雖然他們不會採取我的指導。』

這種固定的論調，不得不使我們推想到不利於包台先生及建築家實現傅立葉計劃的事業啊！此外他有精密的精神在許本中如何詳細地描摹有窗戶的房屋，旅館，角上及中央的亭室，當然他想依文字去實施一切。但因此不免引起許多不快的反抗了，下邊一段文字發表他自己的經驗。

『別人傳說我在孔台湖板格地方試辦，迄未成功，這又是胡言。這是一位屏棄我計劃的建築家，他一面只採取自己的主張，一面又狂放地倣傚英國，非親在英國目見者概不舉行；他的意見朝秦暮楚，變幻莫測，我向他說他在英國不能看到分組的工業建設，此制度別處均未試用，他忠言逆耳，屢次變更計劃後他在水平線以下的土地上建造一所巨屋，我既不能依賴這種對於併合工業毫無裨用的建築，便退出團體，不再顧問，以保持不願參加無關社員機構的處置。』

這顯明地對於那班誠心拿出精神及金錢來實現他的計劃者，苛刻地下其詳論，以解釋自己的地位。

這個計劃因此放棄了；房屋卻已動工，建築的雖還不及十分之一，以後土地也出賣了，但參謀部的地圖上不是在土地局的花册中——卻印上了『潑藍斯頓』的名字。該項建築現已合併於固有的農家，於此還可看出它的雛形。旁邊一屋帶着一個小花園現在歸入於傅立葉信徒的一小部手中。該屋已不能找得一個『潑藍斯頓』因為無人在內工作，不過供傅立葉信徒來此行獵釣魚時之旅舍而已，有住至數星期之久者，同樣而食價廉物美，蓋費用由消費者均攤之，像今日許多職員住宅或合作旅館中一樣，所以這也是一個遺跡。（註三）

在法國所存『潑藍斯頓』的實現物，如是而已，多麼渺小呀！外國也不多，下邊即將論及美國成立的許多共產的集社。

一派學說雖無實現之機會，也能以主義而永生。傅立葉的學說是如此嗎？

這派說學，其形成為漸。當傅立葉居於貝桑松（Besançon）時，他的四週結合了一小派的門徒，其中主要的人物，一是警察廳的職員，一是老嫗，——他知道各社會學派的起源，常有老嫗參加其間——再有一位是青年軍官學校的後補生，後來他成了那位老嫗的女婿，并是傅立葉最著名的學生，他名叫維多孔雪當（Victor Considérant）。

當傅立葉離開貝桑松及其他未到巴黎前曾相繼留居的省城時——以貿易為業——他四週的學生較多，但依然是少數，蓋他的書毫無銷路，全版的書未出書舖的門口。其時卻有一個很好的機會，他到巴黎的時期（1830—32）恰是著名的聖西蒙派的瓦解之日，派主死了已有許多年，他的門人安倣丹和巴沙（Enfantin et Bazard）等卻在智識工程及技師界中操縱着很大的勢力。當傅立葉初到巴黎時，聖西蒙派的人退居於墨尼爾蒙丹（Ménilmontant）的養老院中穿着白袴綠衣紅背心信奉一種神秘的宗教切候着那不到的婦人及尼姑末了，他們被控於法庭，不是破壞於禮教，卻抵觸了國體法，他們於是受着輕微的責罰。其說所以一時——此時已恢復一部的人命了——銷形滅跡者，不是因爲那個罪名，而是因罪名而起的譏刺及笑話。（註四）無名的傅立葉派於是乘時而入，收拾那隻巨大的破舟之殘物，不是繼續聖西蒙一派，卻是相反，指摘它的差誤，招收那班誤會被愚的學生。事實上確有人來加入，但加入者不是那幾個最有名的。

傅立葉主義從此便開始發見於報章中了。一八三二年，第一次發行一種小週刊，名爲潑藍斯頓（Le pla-laustère）後改爲潑藍奇（Phalange）。

傅立葉未死前——他死於一八三七年，離死期也已不遠了；——所以還瞧見他四週結合了一小部人，他的意思在法國及外國有小小的進行，此可引以爲欣慰的了。

★　★　★　★

一八三七年傅立葉的死耗，對於他的學說興起了一種刺激，這是常有之現象，蓋一種派別不因創主之死而受惡影響，反之，他的逝世所刊佈文章及哀啟反乘機大爲振興。自一八三二年到一八四八年的革命間，該派進行頗速，它的發達全恃剛才所說的那位傅立葉的學生維多孔雪當之勢力及指導。他著了一本書，名叫社會的命運（La destine sociale），傳播傅立葉的主義，此書較老師的著作更娓娓動人，簡明有序。不幸孔雪當不單參加社會的問題，更尤從事於政治的工作，與他老師之視政治如蛇蝎者相反。潑藍奇於一八四〇年傳刊，爲替代此刊起見，他於一八四三年發行一種新刊物，帶政治的色彩較重於社會的主張，其名爲和平的民主政治（La democratic pacifique），性質係一方面反對政府——當時的政府——另方面則反對革命。

一八四八年發生革命時，蒲魯東派，共產黨路易勃郎的學生等佔着第一把交椅，至於傅立葉派，他們的熱忱較少，蓋雖也是民主派人物，同時卻反對革命的。拿破侖第三未登龍位前曾與社會主義相敷衍，尤其對於傅立葉的學說，加以愛護，但政體變更後，傅立葉主義也同旁的社會主義派一樣被禁制了。領袖維多孔雪當氏自知只有離國為上策，便赴美洲於台克斯州（Texas）建設一個『潑藍斯頓』而試辦之。結果完全失敗，他全部的私蓄及他人的財產約二百萬均犧牲其中。經此可哀的失敗後，他整裝返法，充滿着失望的意緒，從此便絕對放棄該派工作，當第二帝國全部時間及其後很久年數，——約三十餘年——傅立葉主義雖未全滅，也入了瘋癱之醫院了！

但在一八八八年卻有小小的醒悟，確實的原因未明。在各派學說的歷史中，此種現象，屢見不鮮，斯時焉一個傅立葉的信徒雷蒙杜伏君（M. Raymond Duval）——現在還生存着——重新採用傅立葉的計劃建設一個集社，購買地土，再試孔台（Condé）創造『潑藍斯頓』的事業之經驗，第二次試驗卻依然失敗，無成績可言。但社會革命的雜誌創辦了，當每年四月五日傅立葉的生辰，則虔敬地慶祝之，并舉行兄弟式的筵會，傅立葉的旗幟飄揚其中，旗作虹形，帶着三角體的七色，席間舉杯互祝，或用詩詞，或用散文，五光十色，應有盡有；在皇子路（Monsieur-le-prince）再設立一個傅立葉圖書館；此外并舉行演講會，我記得有一次曾列席其間，得參盛會。

當時還有一個轟轟烈烈歸附左拉（Zola）在他的小說『工作』中——（這是他的小說中最無聊的一部）——把他的英雄羅克（Luc）列為傅立葉的熱烈信徒了，他描寫羅克如何創設一個工人村莊，確以傅立葉的計劃為根基。

該派雖小，卻也不免內部的分裂；結果，各部瓦解，嗚呼哀哉。最近我收到社會革新 (La Rénovation sociale) 一期，其中聲明這是最末一期了。

但現在猶有——當然將來永有——傅立葉的信徒，這彷彿似一束火把，灰燼之下似乎窒息了，順風吹來，卻又火星閃爍，火焰復燃一時。在傅立葉學派的歷史中也是如此，許多小覺悟相繼而至，這天是最末的一次，雖無復活之現象可言。

喬治蘇孩爾 (Georges Sorel)，係一本著的書『激烈的省反』(Réflexions sur la violence) 之作者，曾發表一文，未免言過其實了，它已經很確確在一千八百九十五年：

『傅立葉的思想在我國依然很生氣勃勃；十個關心於社會問題者之中有九個是不完全的或不合論理的傅立葉信徒；他們主義的——尤其是結論的——要點已變成公共的領土了。』

除行將論及之合作社外——我不知道那幾條傅立葉的結論已成公共之領土——現在許多事實雖爲他所預測到，但這是另一回事。并且人們也很難了解傅立葉學派能擴張；因爲那裏去招收他的信徒呢？不能如蒲魯東派那樣，在革命者或暴力者招募，蓋傅立葉的計劃太保守，太資本化了，不能打動工人及革命者的耳目。另一方面，他的主義太奇幻，太理想，總之太不切實了，不能引起中產階級工業家的注意。聖西蒙一派卻相反，他的門徒中有當時著名的中產階級：如達賴賀 (Talabot) 法國鐵路的創始者之一，裴合爾 (Pereire) 大信托公司之創始人，雷賽 (Lesseps) 蘇彝士運河的建築人，及久執教於法蘭西學院的著名經濟學家密奇雪伏里 (Michel Chevallier)。傅立葉主義也不像托爾斯泰那麼打動以宗教的理想爲顯示的人物，蓋傅立葉太非道德，太肉感化了，不能引起那班以爲精靈統轄着人們的精神主義者。

這是關係法國的傅立葉主義在外國起更大的影響嗎？在德國，任何主義都有好奇的學者去研究，（我國的方言的詩家密斯脫爾 Mistral 在德國有最熱心的愛好者及註釋者，）傅立葉也找到幾個社會經濟學家，同情地發揚他的主張但嚴格說來不曾成爲一派。

第三節　美國傅立葉學說的試驗

世界上有一個國家，數年間傅立葉主義同其餘的移民一般找到了新的祖國，那就是美國呀！當傅立葉一派組成之時，就是在老師死後數年一八四〇年，在盎格羅民族各國都有一種社會化的運動——我不說是社會主義的運動——普通的情意以爲目下的現狀很壞，尤其對於資本及工作間之關係，必得設法找旁的東西以替代之。還得再告訴你羅虛戴爾先鋒著名的生日是一八四四年，但懷胎時期卻是一八四二年，那時候在美洲已有幾個帶着宗教色彩的共產殖民地。

該時有二個美人錢寧（Channing）和白理究（Brisbane）來法；第一位恐爲讀者所忘了，但他是一普之目的物，——賴布雷（M. de Laboulaye）在法蘭西學院曾設班專述之。錢寧是美國基督教大派——所謂『實利派』——領袖之一，屬極左派的人物，他到法時，聽到傅立葉主義，即刻就打動了心，他說：『我們確實拿到了迷逕之指導，找得了以「普遍的愛情」的箴言實施於生命的事實之方法。』

回美後，他最急切的工作，便是去宣揚傅立葉的方策。斯時焉，美國有一個於一八四一年剛成立的團體，不完全是共產的而以授道德教育爲目的；其名曰『工業教育及工業工作社。』勃羅克芬（Brookfarm）——這是該社會所所在的地名——已有『澂藍斯頓』所擁有的色彩了。該社的社員同居同食，同作，你做手工，他用腦力；更妙呢，用腦力的也做手工，做手工的也用腦力。各員的薪水相同，當然啦，雖工作自由各人都得日事工作，以謀得該社相等的待遇。

所以錢寧在勃羅克芬找到了已爲傅立葉的意思預備的地方;教化該地社員,不費吹灰之力了;翌年一八四四,他們發表一份宣傳物茲錄數行於下:

『我們宣告於此:一面完全承認傅立葉所主張的「普遍之一體,」一面我們一切的觀察告訴我們傅立葉從他理論所演繹的實施是確切的。我們相信分組的法規就是人性之法規。當人類想實現社會確實的關係,工業的組織即將採取斯式。』

當時在勃羅克芬便把雛形改成眞正『社員的』團體,換言之,用分組法組織及建設一個確實的『潑藍斯頓,』買了一大塊土地——二百另八英畝——需費二萬二千元。何從付款呢?要求自願認股,股共一百,每股每年一百元共付三年,如此可得三萬元。數目不大,但只找到了八千元;倡議者雖有權力,不免也遭失敗了。但無論好壞,他們終於站住了足,小規模的建設一個『潑藍斯頓。』極著名的人物也來了,非僅上述者,也來了新的人,如霍桑(Hawthorn)等。這位美國文學家在法國很少人知道,假使兒童——我也是如此——不熱誠地在『玫瑰圖書館』中不讀到他的奇事錄(Contes merveillues)該書是一本兒童能念的神話呀!

在勃羅克芬地方所以具有一個小學會,但他們命運多舛,剛成立的『潑藍斯頓』於一八四六年火燬了,既未保火險,社中又無款,經了十年光榮的生命後,不得不從此解散了。在美國社會運動的歷史中卻留下了很生動的紀念。

在美國不止這一個團體,同時——(1841-1845)——除勃羅克芬的實試外至少有三十三所傅立葉式會社。這三十三所之中,最大多數卻只活了一二年,大部分只有數月的歷史而已。除勃羅克芬一所之外,生命較長者共有三所,值得奉告於讀者之前。

所謂『北美的潑藍奇』者,創立於一八四三年,其創主及社長就是上述的那另一位,白理賓他也完全信從了傅立葉的道理。當他回美後，就寫了一書，名我們社會底命運（Notre destinée sociale）。此人有獨創的精神，或許較傅立葉更革命一些。下邊一個故事是屬於他的。有一天，某人伴着他走，忽驚駭地說：『你知道世界將於下星期完結嗎？』

『若真如此，我很痛快，因爲這個試驗已完全失敗了。』他回答說。

自然，一個人以爲我們所立足的世界是一個不了的試驗，此人當然是生而爲一種新試驗的主角了；換言之，去創造一個『潑藍斯頓。』他對於此事，非常熱心去幹。上述的社中，他不孑然孤行，還有一個同伴，這位美國人，法人也不知道的，在美國卻是重要的人物，名叫浩雷谷萊（Horace Greeley）。他倆吸引許多人到他們的殖民地中。但關係金錢，他們的命運不見得較勃羅克芬的創始者更好。他們也買了一大片地，約七百英畝，離紐約不遠，所費不貴，因爲該地從農業的墾植看來，養料已吸盡，不足爲用了。爲支付地價起見，發行股票四十萬元，但也只收到了八千元——這個數目確是神聖的，——不過代表該社必需資本百分之二而已。

他們卻也不灰心！無論好歹，他們保存了他們的會社，并且這是最發達者之一。他們完全應用傅立葉的計劃，依我們所知道的分類而劃分工作，必需的工作，有用的工作，愉快的工作，每類的薪水有特別的係數，工作用支票爲報酬，以免去錢幣之累贅。各人都清苦地生活着，只有支付薪水及資本者，——爲數不多——的利息，百分之四·五，贏餘則談不到了。他們卻也遭了和勃羅克芬同樣的天災了！會所於一八五四年火燬了；此種偶同非常奇怪，確令人不得不懷疑於此二事有否社員或同謀者從中搗亂，因縱火以推翻此項試驗事實上它就從此壽終了。一八五五年，地土出售，所得之地價以償付一切債務及退還股票百分之七十五。從財政方面言之，這是一個可敬的結局。

另一個團體名叫『威士康新潑藍奇』，在沃哈阿（Ohio）州。該社是實現『潑藍斯頓』制度之最完備者，在其他會社中不力行之同食事，在此依規舉行。此種試驗卻不成功，證明了我所指摘的傅立葉之差誤他相信無論何國之人民均願從公共之生活事實卻不然。威士康新的澂藍奇所有一百八十個社員中一百個——就是大多數——喜歡在自己家中飲食每家只有臥房無食堂及廚房之設備，在家中飲食卻非常不舒服。——非但有家眷的如此，獨身者——社中大多數是獨身的——也不願去同棹而食寧願包飯於該社人家，同他們在房中飲食雖有上述之不便，不願焉。

無論如何，這是三十四個傅立葉的會社中最成功者，一帆風順，進行無阻。但多麼黯淡的色彩呀！旁的團體因缺乏經費而失敗，它卻因成功而失敗了；蓋它成功之日，社員即相謂曰：這是均分之時了。各人便投票贊成解散，以便每人可收回自己之一部，該社之歷史故能以這個簡單之方式包括之：金錢方面是成功的，道德方面卻失敗了。

這個例足述者，因為有許多不是『澂藍斯頓』的團體也有同樣的結局。在生產的工人團體中，有一個若能集合一筆大資本社中的社員即起而搗亂，使初創時費了多年的精力而所得之團結力，因此瓦解，他們說：各人取自己的罷。

最末的那個傅立葉會社，雖是題外之事，我亦略述數語，蓋它支持了二十七年（一八四一——一八六八年，）也有許多社員（一百八十至二百人之數。）它所以有相對之成功者，因它是一種宗教的團體，當然啦，它還是世俗的性質。美國一切的公共團體中生命較長者都由一個宗教的思想所激發，因為如此才能使社員犧牲他們的嗜好，需要脾氣及個性，這些條件是保持及延長公共團體生命之必需品。獨立的道德不足應用，除非關係一小部特選之人才，若組成勃羅克芬中心的那班人一樣。但後者也為繼來的大眾所沉沒了。

除以上之試驗外，我再回述剛纔所講維多孔雪當於一八五四年在台克斯州（Texas）所做的事實。他完全失敗，銷耗了較前者更大之資本。它卻晚來了十年，這是它的不幸；蓋若孔雪當於一八四四年左右來組織他的『潑藍斯頓，』該社不一定就失敗；那時候他可利用當時那些轟動美國的社會試驗之熱忱，他卻於各社相繼夭亡後離法，結果到美之時，正當大衆情意灰頹之期了！

再述一個生命很長的團體，約有八十餘年，其名適爲『和諧，』或竟謂『新和諧；』我們知道傅立葉自己提議的社名是『新和諧。』這是他的女兒嗎？不，這不過同名而已，毫無血統之關係。『新和諧』的團體由德國共產黨所組織的。

★　★　★　★　★

這是一個可悲的梗概！若有人問傅立葉的門人：你如何解釋這許多失敗史呢？他們回答說：這因爲一切的試驗沒有一個實現了老師的計劃。傅立葉對於孔台爾坂格的事也如此解說。

但我們有力去回答：爲何整個的實現永不發生呢？假使旁人不曾實現傅立葉所夢想的『潑藍斯頓，』這因爲它是不能實現的，理由在此！這個問題在社會的範圍內，彷彿似幾何學中的難解之題一般。

這些團體若均失敗，不是因爲『潑藍斯頓』社員的計劃中某種腔調，某種組別分類法不曾實現，原因卻較普通，一切帶有多少共產的試驗之失敗也爲了這個原因；茲項組織的先鋒之一，其名我已提及的浩雷谷萊說：『一切社會主義之試驗均遭一個嚴重的阻礙：被吸引的人類之通性。高尚及受有高等教育的人物，其意志完全是良好的，爲保持他們所希望人類的利益之目的起見，不惜忍受一切的工作及苦痛。但其旁卻有二十餘倍的空想家，血氣者，自私者，好爭者，妥協者，消耗者，偷懶者，總之毫無好處之蠹蟲而已。……』

傅立葉主要的宗旨同渦文（Owen）的一樣：人性不善亦不惡，全由社會環境所造成。道德的目的不是去改變人類，而教化之，不過去改變其環境而已。環境既是社會的產物，該項工作所以較易多了。但這種理解亦有其弊，蓋環境——至少是社會的環境——是由人造的，上述的試驗告訴我們：假使人是壞的，他們所造的環境也將不良了。

至於使澄藍斯頓社員的組合會社生存，而社員一面若忠實於老師的精神，一面又想解脫一切宗教，道德的規則，只認情欲自由的活動，只以享樂自在為目的，一種虛無主義奇怪地參雜着最資本化的先見，如追求紅利及遺產等，困難當然更擴大了。

該項實現更有另一個阻礙：傳立葉想使他的『澄藍斯頓』參有農民的色彩。蓋農民抵抗之力最大。若對工人說話，那就不同了。他們工作於廠內，已有共同生活——至少共同工作——之習慣，知道——即使沒有道德的成見——他們生的甲會中已表示的那種社會聯立關係了；他們在某種限度內了解應趨向……『澄藍斯頓』式的公共團體。關係農民，適得其反，換言之，該項社會階級之中，個人主義的情緒最強烈，其證甚多，我國農民反對規定鐘點——夏天的鐘點——之法律，即其一也。

第四節　傳立葉主義對於各社會主義學派之影響

嚴格言之，傳立葉雖未組成一派，或者他的理論且不留存於其後受他的靈感而興起的別派社會主義之中嗎？這值得研究的！——

傳立葉對於經濟家及政治經濟本身起極端的鄙視，他把後者列於玄學道德及政治之旁，總稱為『四種不定的科學』。此銜絕非完全虛構。

但第一，傳立葉可稱確是一個社會主義者嗎？

在他的著作中，沒有社會主義者普通的口吻。他非但不廢除遺產，實言之，這不是為社會主義者必需的一個條件，而在『潑藍斯頓』社員中反設法鼓勵一種所謂遺產之『希望。』這種情緒非僅由社會主義者的目光看來是不可取的，即由道德的立場而言，也是可鄙之事，在『潑藍斯頓』之中，寫遺囑絕對自由，毫無限制，每個社員均可希冀得到每個死者的遺產之一部；這筆橫財——毋寧說是遺產之追求——據說是『潑藍斯頓』的生活中主要的娛樂之一。一百人中每年約死二人，『潑藍斯頓』中的一千六百人中每年便約死三十人，此足引起可觀的投機事業，及許多的勾結私謀了。傅立葉卻非常詳細地擴張這種可譏的意思。

我人可找到許多旁的絕不合於社會主義的思想之蛛絲馬跡。傅立葉是絕對反對猶太人者，這確可由他不愛商人（猶太人及商人總是成對的）那一點解釋之。

他當時僅存的社會主義是英國的社會主義家渦文（Robert Owen）所傳的，及聖西蒙派在某種限度內所傳授的共產主義。

普通的意見是：傅立葉也是共產黨，因為旁人只知道他的『潑藍斯頓，』而以此為一種僧院。其實，我上邊已說過，二者絕不相同。

下邊一段文字，是傅立葉對於共產黨，或至少對於聖西蒙派的所下的批評

『上星期我參加聖西蒙派的禮拜。我們不明白這種司鐸的伶人如何能造成如此多的主顧。他們的主見非常荒謬，足以使人聳肩一笑！在十九世紀當宣傳剷除財產及遺傳性。』

對於革命的社會主義，他也如此說法，如過激主義，今日所謂無產階級的獨裁。沒有再較此更引起傅立葉的不同情，假使他知道此種主義，他必竭力反對之。我上邊已提及他極少革命之精神，而切候着從天而降的善意的資本家資助他必需的經費，以實現他的制度及解決他的社會問題。

至於馬克司的社會主義，馬克司雖似乎對於傅立葉較對於蒲魯東少仇視一些，頗自動地引起其名字，他

同傅立葉主義卻明顯地毫無什麼相關可言，事實上反相抵觸，他的性質絕對是工人化，工業化的，他基本的主張是階級戰鬪，他實現的方法卽不是革命，至少是用選舉法來爭得政權，這幾點均與傅立葉主義相反的。我們知道：事實上傅立葉宣佈要謀中產階級及工人的幸福，將富翁及貧民結合爲共同之一體，他揭示集合的工作較勝於個人的工作；他不願有大規模的工業，而限制其事業之範圍，『潑藍斯頓』只是不重要的組織，自三家至四百家爲限度，每家自供自足。

我們也不能說：他想社會化，（依我們所知道此字的意義言之，）換句話說，把資本及生產機關收歸公有，入於國家之手中。他的社會化未超過合作的形式，他用合股的模形，以保存個人的財產。

至於所謂攫取政權，藉以正式樹立集產主義者（Collectivisime），傅立葉屢次宣稱他不願強制，用暴力或法律。茲再引用其格言於下：

『一切強迫的事表示沒有天才之存在。』

『生的甲』主義只有一點相同於傅立葉主義：卽廢除領薪制是也。從別的方面觀察，它那職業化的性質，適與傅立葉的團體相反；後者許多組別之制，及各社員由此組轉到彼組，由此項工作轉到彼項工作之現象，使職業化的精神，及階級的認識，無產生之機會，這是傅立葉所認定的目的。

傅立葉相同於基督教派者亦有一點：卽對於上帝創造一種天策之信仰，人類已脫離該項天策而應重入者也，—— 聖書所謂『天國，』但傅立葉拋棄一切罪惡及專制的道律之意思，此是根本不同的觀點。他所允許於門生的天堂是在地上的，又非常物質化，就是美也不作惡其中。

再有二派多少是由傅立葉的理論脫胎而出之社會主義：一是此課的主要物，合作主義。下課我將試述『潑藍斯頓』結合於生產合作社及消費合作社（後者雖尚紛爭不已）的直接血統。

其實傅立葉對於合作主義的某種要點加以否認。第一，合作主義的目的，取消贏餘之制度以實現公平之價格。傅立葉卻相反，非僅不願取消贏餘的希冀，并設法增加之，允許『潑藍斯頓』的社員意外的利息。第二，合作主義的特點爲道德的主見；在它歷史中各時代并有宗教的靈感，由信仰社會基督教者採爲策略。我們剛纔說過傅立葉，拋棄一切道德的訓練，認爲謬誤之一，更屬創見者。他以爲上帝賦授我們情慾時知道所做的意義，施行禮教便是畫蛇添足，觸犯了上帝。

其餘一派社會主義，傅立葉或認爲最足實現他的理想者，即無政府主義是也。我所說者當然是文明的虛無黨，不是採用炸彈的虛無黨，後者在傅立葉時代尙未產生。他們的計畫相同於傅立葉者很顯明：

（一）第一，同樣承認人類及個人的情慾和本性之重要，雖不合於文化，法律，宗教，及一切的規律，不計焉。

（二）求社會的解決於自由的集社之中。虛無主義畏懼集合主義者，因爲它觀察到後者是一柄大機器，將併吞個人的全部而鎔鑄於一爐；它心目中的社會組織是許多自由獨立的小團體，由它們自願去共同聯合；這確是傅立葉的理想。

（三）兩性關係的問題也是相同之一點。傅立葉第一個是尊重女性者，——由兩性絕對平等之觀點說來，非僅是法律方面，道德方面也如此。關係此點他有幾句格言，假使我們回想他當時之情形，這些格言確極大膽，即在今日亦無出其右者。

『社會的進步普通依靠女子傾向自由之進步而定，社會秩序之墮落亦視女子自由之消沈爲轉移。總言之，女子特權之擴張是一切社會進步的普通條件。』他再說：『余根據事實而言：女子在自由狀態中——換言之在文明範圍之外——對於一切不屬於體力的工作，實超勝於男子。』

傅立葉所要求者非僅是兩性權利上的平等，而是兩性絕對的性慾自由；換言之，取消婚姻之制，替代之者不僅是自由結合而是確實的亂交，當然不立刻施行；因爲我們尙在『文明時代；』傅立葉既不是革命者；他不願驀然下手。『我不想批評文明的教育也不想教授女子現在應有自由的精神，』他說下邊的一張表中，他卻把將來社會的狀態報告我們：

『假使女子的脾胃如此而公意不反對之者，女子都能同時有：（一）一個丈夫，（二）一個育養子女的生產者，（三）一個同居的情侶，（四）幾個或許多簡單的佔有者。』

此四類中開頭三類都將有正當的性質，卽將列於同等地位；只有第四種不正式承認。

（四）再有一點使傅立葉接近虛無主義及大部分之社會主義派者，他不承認『許多家庭』之價值——不同於道德家及國家主義者，他想將來必造成他所謂人民之均衡，換言之，生殖率將很限制，很減少其實這種人民及生殖率之限制，他不希望實行虛無黨主張的非理的方法，他等候着社會重新組織，而產生此種結果。他想將來的社會中之生殖限制，是家庭及婚姻制度半消滅後自然的一種現象，也是食品增多，生活更形舒服，體力運動更發達的結果。這是控制生殖的生理關係，似乎已爲科學的觀察所證實者。

『經過「和諧」的三代後，三分之二的女子將似細心培植後已達超境之鮮花一般不生產了；』我們確知道變料的花兒是不生產的。

在此簡捷的槪論中，添上傅立葉及許多社會主義者最後的共同點：卽大同主義是也，——和平之意，相反於國家主義。該字未發見前，傅立葉已是和平者了。最近出版的皮煦（M. Puech）的書中——該書名爲法國社會主義之傳統及國際聯盟——有專論傅立葉及其派別之一章；其實卽余傅立葉未寫社會主義鉅著前的初作之一，名爲大陸的三頭政治者（Le Triumvirat Continental）——出版於一八〇三年，斯時他只有三十歲——來說他也値得在和平者之中佔第一列的地位了。

傅立葉的和平主義之形式相似於國際聯盟有一日將實現者，盟聯世界各國，每國自己是許多『法藍斯頓』的總聯盟，再以康士坦丁爲世界的都城。以方法而言，他卻意見不同了，他以爲大同聯盟只能以武力的勝利實現之。那『三頭政治』就是由『三大頭』——同訂立凡爾賽條約的『四大頭』相似——組織的歐洲政府，卽法俄奧三國是也。我們很奇怪，英國不算在內嗎？事實上，確爲傅立葉取消了；他恨它，同他恨猶太人一樣，理由也相同，因爲他說，英國是一個商人之國呀！他也極鄙視普魯士，但普魯士於一八〇二年已是一個頗足致敬之強國了。此外，他預知奧國卽將消滅，三頭政治將成二頭政治，法俄二國而已，這是拿破崙式而不是和平的一種意思。末了，爲達到單獨政府——獨頭政治——起見，二國之一亦將被除，所存之一卽建都於康士坦丁，但這個僅存之一國，到底是法抑是俄？

傅立葉關於此點似乎未有很肯定之意見，但也未說：這不是俄國，況且這個中央政府不過裝飾門面，立於各聯盟國之上而已，他所以覺得無論何國當之都行。

附帶說一句話，我不深信採用這種方略——武力戰勝——以實現的和平主義。這是一切武人的迷夢，自亞力山大至拿破崙，莫不大言說：一俟克服全世界，他們卽將保持宇宙之平和。但世界和平之爲物，永不能以此法實現之。假使和平有實現之一日，亦決不會借助於勝利的帝國主義，其法專賴於不斷的善意，以預防百年間一切戰爭之威脅。

傅立葉派及其理論到底是什麼呢？簡括上述，我們可以說：這不過如是而已。

一位譏刺而公平深刻的批評之士，以『文明』那個可鄙之字總括之，換句話說，是一切資本及中產社會之流弊而已，卽社會根基於競爭之上是也。這卻是一般經濟家常認爲最完美的社會制度。

從積極方面說之，則發生一種深刻的情緒，覺得文化中存有畸形的東西，必得設法補救之。『怎麼辦呢？』「—

——此語是托爾斯泰一書之名但拉阿波利（Leroy-Beaulieu）卻視若蛇蝎，以爲是昧於一切經濟學說——。傅立葉於是竭力謀一個解決之法。他是第一覺到英人所謂『社會之不安定』（Social unrest）者之一。姑聽其言『但宇宙的不安，證明人類猶未達到自然所欲領導的那個目的；此種不安似乎預告者：將有大事，以變更我們的命運。』

這種不安的感覺後切候那大事的變化，便是他理論的特點，而足以頌讚的。

再有第三點值得一言之：對於集社的過信。他總非常幻想地分析集社之性質，但於此他能於歷史中得到創主的雅號，蓋在他雙重形式之下：消費集社及生產集社，較來者實有空前之美了。

【註一】我應說明在布格雷（Bouglé）所著一冊名『價值進化論』（L'Evolution des Valeurs）中，他提起傅立葉之性情分類，稱爲：『古典原理，狹義而枯燥，他反對此種很豐富的清單，在人類的可能性上永不會成立的。』

【註二】在季氏所著『合作』前三版書中均有，末一版刪去。

【註三】人們可以指出幾個試驗，但在誕生前流產了：爲一八四〇年楊格在綏鄴（Citeaux）；阿爾及利之聖丹尼杜基由一個官吏主持者，並著布什所著之書，我們開列於后。

【註四】特別在一種雜誌與聖西蒙派的日報同名的『生產者』。

第六章　在何種範圍內合作運動有關於傅立葉

我們在上述各章，已證明傅氏所描寫底那種集社，尚未具體實現化。我不知道世上有聯合性質不同和相反底集社：生產集社，消費集社，農業集社，同時關於居住和飲食是共產黨化的，而關於財產和贏餘卻帶有資本家色彩。我們曾經在美國和法國看到幾個殖民地，（註一）它們和傅氏式頗相似，惟主要不同之點，即它們是真正共產者，可惜沒有長成。

但須知所謂一般合作社，和它們代表全世界一切大運動，尚不能視爲傅氏學說一部分的實現，那末後者實足以稱爲榮譽了。所以我們爲什麽從第一年底課程中就有意思去講述傅氏的學說。

雖然，這種觀劃也許有爭辯的餘地，第一，必須把各種合作社分別清楚，尤其是兩種方式，卽生產合作和消費合作。

第一篇 生產合作

它內部分成兩類，略帶一點相同的：

工業生產合作，由一般勞動者所組織的；

農業生產合作，由一般鄉村地主，或佃農所組織的。

第一節 勞動生產合作

第一，讓我們看看，在勞動生產合作社範圍之內，是否實現幾點了傅氏的制度，初看來似乎毫不相似，因爲它們表面上，並不具有如我們所述一般性質：毫不共同居住，共同工作雖則是有，卻與無論那種工廠一樣，工作情形和受薪者無異，既無短幕工作，亦無工作變化。每個集社都專門某一種工業：如印刷合作社，粉飾房屋合作社，此外爲木器合作社等等。

眞的，但這不是他們的目的，卻是他們分配利益的格式，它們的目的在廢除工資制度，一般集社中或者至少其中有幾個欲實現傅氏的理想和應用他的方式，所以後人樹立一個銅像，以彰盛德。

目下法國差不多共有五百個勞動生產合作社，它們僅能代表一點實效，蓋每社社員不過幾十人，很少是超出百數以上，全數合起來在全法國薪工一千萬到一千二百萬中，只代表五萬社員左右。但全數勞動生產合作社都不照傅氏的主張，不過少數，一打數目而已，它們是主張實現傅氏方式的。

一般傅氏式會社之中，重要者爲粉飾房屋社，稱爲『工作』(Travail)它建立於一八八二年，終於延長到四十年。合作社大都是短命的，如此已經是一個可敬的年紀了，它們之中有個很可怖的幼年死亡率呀！在這個『工作』社裏，還有一點可注意的，便是經過四十年之中絕無換過經理；如亨利布松(Henri Buisson)先生否認這個常常對的成見，即一般小工人合和國底失敗，都由於指導不穩定的結果。你看僅此一點，已足使無論何種民主政府的所羨慕的了。

但引起我們的興趣者，便是此種集社自傚底已實現傅氏方式於文字之上。求明白起見，最好採取上年的報告，及最後營業的數目一覽即可。

一九二一年全年中，它共做了一百八十四萬一千法郎的工作，但此數目是總收入，還要扣去原料費，人工費，包括工資，資本的利息，準備金，保險金等等，其餘淨存十六萬法郎，下面便是他們如何去分配的。

勞動者提去六萬三千法郎工資，有二萬七千法郎繳納養老儲金處，此款必須記載亦由工作方面而來的。蓋這是一種不同的工資，所以上面九萬法郎，是代表工作的。

講到資本股東利息的分配額有三萬九千法郎，並有八千法郎納入準備金，此數可視由資本而來，因準備基金將來終久要分配於各股東的；那末資本共四萬七千法郎。

其餘第三個原子，即傅氏稱爲才能(Le talent)。我們曾經說過這是不容易下定義的。此處人們覺得就是指導工作部分，即傅氏所稱才能所貢獻的。在這個名義之下，總經理就受一萬七千法郎，一班管理員有四千五百法郎，在指導方面共二萬一千五百法郎。這點豈不是傅氏理想與正實現了嗎？這不能確定的，傅氏理想似乎太高遠了，在他理想當中十二分之三應給與才能者，並不僅對於一班和管理員有關的領袖加薪償或如國家學會給獎一樣，雖然實際上人們須藉合作社解釋才可明瞭。

現在你把這個具體的數目變爲百分率，你看十六萬法郎就照下面方法分配：

百分之五十六歸於勞動；

百分之二十九歸於資本；

百分之十五歸於管理。

此種分配是與我們所知傅氏的分配相合嗎？十二分之五歸勞動，十二分之四歸資本，十二分之三歸才能？不完全相同，因爲你如果把傅氏的十二變成百分率，傅氏底方式即百分之四十二給勞動，百分之三十三給資本，百分之二十五歸於才能了。

你看一般勞動社分配的方式，較之傅氏式歸勞動方面太大，資本方面稍小，而才能一項則太少了。除了我們剛纔所說而外，要知道大部分底資本，是屬於勞動者，從此全部屬於他們者卻少。換句話說，分配多偏於社會主義式而傅氏式則較少。這是自然，我已指明傅氏分配底方式，也許可形容之爲富豪或貴族式的；還有照我推測，在吾人生存的世界中，分配實由供求律所支配。我們承認常常介乎這兩種分配式之間，有個相似之點，很足以判定傅氏的遺產權而爲勞動社所要求的。傅氏方式並不絕對過嚴：他承認可伸縮一點，譬如他縮減才能部分由十二分之三到十二分之二，和提高勞動部分由十二分之五到百分之六，這種情形之下，兩種方式就幾乎正可相合了。

但是如我剛纔所說，生產集社所施行傅氏方式不過一小部分而已。

一切帶有社會主義性質，或『生的甲』性質者，均絕對拋棄，因爲他們說生產合作社底目的是消滅資本的威權，從後者之中非獨可獲得贏餘，尤其管理方面，在目下資本組織中，造成它主要的特權，其實呢，這便是生產合作社底目的、它們的政綱，自從一八四八年底英雄紀念日以來，即常被人認爲此日不但政治組織共和國的突起且亦是工廠共和國的起源。或有人說這是對於他們的綱領不忠實，違背他們和資本合作，及共分企業贏餘的理論。

它們更不承認給才能者一部分特權，即雖負管理工作底責任者亦然。爲表示其相反起見，我們試取一個正與傅氏式不同底集社『工作』爲例子，如巴黎之一般馬口鐵商聯合會(Ferblantiers réunis)它是很平等的格式了。此種聯合會給勞動以全部利益，或立刻照薪金支付，或照養老金繳納。它對資本可毋須付利息，而社員亦不分期交納，同時他可自由行動；在此種情形之下，他受到的利息等於由蓄儲公所所得；但一次自由行動他就無權再獲得利息，因爲他已拿到企業出產中自己一份了。所以沒有歸資本的，亦沒有歸管理方面的。總經理任職頗久，拿不到別部分的利益，不過和他的同僚及同項執事者一樣權利，除非某種費用……我並不說接待高貴者派來代表，但爲旅行等人們，再想不到較此更平等一個制度了。這樣底集社也許較傅氏者更爲先進了。

但傅氏式集社答覆它的同夥說：你們已違背『生的甲』主義，和社會主義底理想了嗎？它們回答的說，人們在無論何種企業之中，不能缺少資本，即這種企業擁有勞動者之名，此時亦承認資本底幫忙是不可少的。而公正去付償這些職務，在這點它們卻很忠實於傅氏底思想。至於一般集社，願棄卻資本它們預料自己不過能生存而已，它們說如果人們欲望勞動生產社眞正成功，那末定不要離開一種不變定理主義，即它們成功唯一的方法。

誠如一般集社的敵人所說，恐怕資本一旦跑入此種地方便不成爲主人，和不說工作了：由你而洩出了。那層就有人回答的說在一般集社之中，可取適當的謹慎以免受資本底覊絆。下面就是實際上『工作』社對於限制資本權所取的謹慎步驟的規律。

首先對於一般股東，凡一致的都是資本家而不是勞動者，皆反對有一切選舉權，換言之，卽被選爲理事委員的權。人們固不能反對他們選舉，因爲做股東的時候他們有權參加社中的年會，和投票，但他們不能選爲股東一個實際不勞動的人爲管理者，所以照此看來，人們便會相信集社管理權一致操於工人之手了。

第二恐怕資本壟斷經營，至於恐怕壟斷利益，還有法規來限制：凡是股票全屬於資本家者，則分配紅利額不能超過某種最大限度。

末了，第三種規則，就是全係資本家底股份，換句話說，不屬於企業中一般勞動委員者，一待這個社會獲有贏餘之後，擬漸漸底贖取而代以純粹屬於社中工人底股份，卽如目下人們所謂工作股份是也（Action de travail）。當『工作』社開始時，聚集的資本每百法郎一股者，共一萬股，卽一百萬法郎，現在贖取共六千三百八十股，目下三分之二的資本已屬於入社的工人，至於賸下來餘數，一天天漸漸取消了。

結果在資本主義制度下所看到的一切恐懼，到勞動生產社裏，全歸無效了。

其實我剛才所述的一般規則，很足以來擔保勞動而反抗資本偶然的威儀；而在這一點，假如不能克服所注底目的及結果，若不使資本恐怖並破壞集社之供給人們，豈不會疑惑嗎？事實上須知我所指明底情形是很少受資本家羡慕的呀！

下面便是有人對一個資本家的這樣說：『你願意借一筆款給勞動生產社嗎？』

你給我什麽條件呢？他便問了。

『第一，有人就和他說，你不能參加企業的管理。』此點已經有點使資本家寒慄了。投資於一種企業，而對此既不能監督，亦無權視察，這當然不會引人入勝的。

其次，關於利益，你有權共分，但不能超過一個某種最高限度。

末了，假如集社相當底成功了，如是漸漸底把你股份取消，但若使集社成績不好，或虧本了，那末你和一般股東一樣，補貼他們經營資本的數目。

你想在這種情形之下，如人們當發行幾次公債或股票之際，似抱此種觀感！這種社會的創設，很少可能使公衆所歡迎。結果恐怕傅氏式的集社追求適得其反而已，召集資本人們認爲不可少之舉，而卻以欺騙手段，使其削去。

但是也許你會覺得奇怪，怎麽集社底法規如此少得令人歡心，而卻能覓得基金呢？

那總有完全一班例外的情形；這種集社卻有機會找到一個好日子，一些怪僻的慈善資本家，傅立葉徒然待着。由他供給需要底資本來創始。有一個銀行家，繳納五十萬法郎，而接受我剛才所述一切條件。這種銀行家是不易多得的，而他當然有『另外世界的理想』據人所說，幾年之後，證明他已自殺了。

適毫不說一個勞動集社，雖在一般較少荒唐條件之下，就無希望找到一點資本了。它能常常尋到一般慈善的資本家來擔荷損失的危險，即利益數目微小一點，也毫不在乎，因爲幸而到處有一些勇敢的人，常常把聚積的金錢，用之於好事，或社會一般試驗。

尼嘿城（Nîmes）就是如此，我和一個集社發生長久的關係，它基於『工作』社的樣式，即印刷合作社，另稱爲勤勞者（Labarieuse）當創辦時，它曾向城內一班慈善者募集資本，居然很容易獲得二三萬法郎，以供其成立之用，應募者毫不躊躕底接受有限的紅利，還有些人不在乎此，都情願放棄，若無歐戰作梗，那事體早已成功了。

勞動集社亦能有機會在遺產中獲得資本因爲人類往往死後較生時爲仁慈，如布舍哥夫人（Madame Boucicaut）贈遺產於蓬馬昔商店（Bon Marché）（巴黎大商店之一）的一般職員實際言之此並非一個合作社，不過有某種共同性質而已。還有裝飾房屋者之樓克雷君（Leclaire）便是分攤贏利（La participation aux bénéfices）的發明者，一待聚有資產就遺贈其財產於一班傭人以組織一很著名的勞動集社，現在依然存在。最後還有大家聞名一事就是哥丹（Godin）舉贈遺產於季斯『滌米斯頓』（Familistère de Guise）底傭工。

所以第一次資本由一個慈善家生時或死後來供給，問題就完全解決了。集社取了資本，供其使用，而不成爲主人，如此好的解決便是傅氏所冀望的。但是你總知道，上面這種情形是極有限制的，假使人類只劃算由慈善方面來總改良工業那恐須久待罷！

第二個解決方法：便是向大人物請求設法，它是常常任意玩弄慈善事業的主宰，這便是國家，可向之請求借貸和賜給必需底資本，以充創辦費。此例已經有好幾次了。一八四八年革命時代，最著名事業之一，便是當時由國家借給三百萬法郎於一般集社。不幸經驗不充分成績大壞，因對於一般勞動生產社，不若後人那樣負責任，不過卻有一批不幸的機會，很足以來解釋。當時國家借貸之所以不能成功的理由，還好，集社和國家都不以這次失敗而自餒，試驗又重新開始了。到了最近，當大戰之際，國家組織一個中庸金庫共兩百萬法郎，分配於一般勞動生產社，名爲借貸金，另外每年在預算中劃一筆款子（最近預算爲一百二十萬法郎）來補助和鼓勵許多生產合作社；普通雖爲贖還借金式放款，但實際上基金是常常失去的。

雖然，應用第二個方法來獲得資本，亦是有限的，蓋人們非引起兇怖的責難，便不能擴張，且須承認有一部份的實業家的資難說是國家造成一種不平底競爭，因借貸的資本係由納稅者袋中取出來的。

第三種獲取資本的方法，我將稱之為英雄方法，就是向社員工人自己求款。一班勞動社已經驗過了，但須注意資本由工人袋中抽出以辦企業者，時間切不可有限制，如註定時間，就決不能跳出小企業的限制。所以這一個方法，至少在開始之際，料來真是一種超人的力量。馬賽總商會會長埃特先生(Artaud)，其人是自由學派著名代表之一，他說：『假如一般工人欲弄成資本獨立，再簡單沒有了；戰後他們所得的薪金，如果他們情願的話，很足以變成老板。』但這位可敬的會長先生，似乎不曾注意到這點，工資增加了，戰後工資儲蓄力亦漲二三倍，而創辦無論何種企業，所需資本的數目，也正比例大大底增高。唯一證據，即近幾年來大部分企業都感覺增加資本之孔亟，建立勞動社的障礙，仍如舊貫。

誠然，凡是企業已組成之際，假使它能夠賺贏利了，那末就好好底把勞動社員的贏利，變成社中股份，不斷絕亦不取出，有幾個勞動社，就是如此做法，結果它們竟達到了一個好的產業。

第二節　季斯的『潑米斯頓』

走進了標榜傅立葉思想的生產合作社裏面，其中有一個名字表示有嫡系的，便是季斯的『潑米斯頓』(*Le Familistère de Guise*)。

誠如我上面各課所述，設傅氏終身乏味不能找得一個弟子來實現他的夢想，至少他死後總有這個機會的。

當他死後第六年，一八四三年，傅立葉學派加入了一個廿六歲機器工人，名安特哥丹(André Godin)。傅氏全體弟子之中，祇有他成功最大，亦只有他一人由著名基礎之中給各國一個以傅氏思想主要輪廓。雖然傅氏不認識此人，且從未晤面。這有點似聖保羅的歷史一樣，雖然他沒有看到基督，而他卻是最大的傳教徒之一，定是從基督死後幾年才開始傳教的。

在他創立『潑米斯頓』以前，哥丹已有興趣於當時一般社會試驗，尤其是我上面講過的台克沙(Texas)地方的維多孔雪當 (Victor Considérant) 試驗。雖然他沒有陪彼同赴該處，但供用十萬法郎，且由此失去的。他並不富有，而此舉卻毫不使他氣餒，只不過他決計由本身來做試驗，不久到一八六〇年，他開始建築房屋，重新產生『潑藍斯頓』。地點是在一個季斯的小城市裏，離郎城(Laon)不遠的地方，豎立這座房子。半世紀以來，已成一般餘業社會試驗者，及各國的合作者之一個朝山進香(Vélerinage) 之地方了。

請看在何種範圍之內，這個『潑米斯頓』實現了傅氏的制度。我從三方面來觀察，即由消費，生產，和分配中來敍述傅氏的制度。

關於消費，便是居住和食物，哥丹就施行傅氏在『潑藍斯頓』中所指出的重要特點，以給予『潑藍斯頓』雖然範圍較小，奢侈較稀一點，但房子建築卻很大，可供四百家右左之用，就是一千五百人到一千六百人可住在三個房子裏面，其人數正與傅氏所指出全然相似。

這座建築若說得過譽一點，是一座社會宮庭(Le Palais Social)，位置不在季斯城中，而在外面鄉間，靠濟溪之濱，環繞了五百蓿地的公園，誠爲傅氏所願想的環境。人們更由房屋建築中，可尋出某幾種傅氏所愛的特點，透明玻璃的大天井，慶祝會應用的大會堂，每層樓各室裏面的相通的走廊，四個共用的樓梯，和四角的大留客屋等等。雖然我可說宅並沒有給人一種社會宮庭的影象，也未給人一點舒服的樣子，宅留給我者，至少在我個人，有一種可愁的情緒，尤其和英國的田園市相比較，而我想到我曾經說過傅氏和工程師之間有爭執；傅氏自己略倣英人，因他情願將『潑藍斯頓』建成如同分開的別墅式！而此處工程師卻較前進步了。

在『潑米斯頓』裏面，哥丹很希望同桌用膳，或至少有一個公共飯館，但他知道工人都情願在自己的家庭中用膳，於是他就創辦一個糧食店，換句話說，一個消費社以充『潑米斯頓』住民之用，不過這種東西，仍可在其他機關裏找到。除此而外，尚有幾種公共職務如學校，圖書館，戲院，及其他玩具之屬種種東西，此洵是資方的好組織底先驅，即今日認為光榮之英美一般大公司，非常風行的。

若觀察生產，我們亦能尋得傅立葉制度中的幾種特質嗎？尤其是如傅氏所存心的寫意工作。哥丹並不是一個理想家，是一個實行者，而且對於勞動另外有一個觀念，我覺得在道德意義上較傅立葉的尤為高尚。哥丹說：『工作要按照人類鑽入宗教思想裏面而組織，工作是人類中對自己，同類和上帝之最神聖的貢品。』

你看介乎這種勞動意識，即義務和貢品，與寫意工作之間，有洪溝存焉。雖然，應為工作的意識有些不同，哥丹並不蔑視傅立葉所立的方法。你總記得後者把工作分系組，及短幕。關於短幕，哥丹未接受如一個實行的工業家分成每幕為一小時一樣，而卻比例遞減工作時間，此點在當時哥氏經營之際，往往工作至十四，或十五小時，殊為可怕。

但你想人類一日中每小時都掉換職務，可以使工作有實效，此未免過於試驗性了。可是為了敬重他先生的意見，他分成一百八十六系，惟他使用各種消遣組，或多少附帶一點小小工作，以代替各組勞動。有幾系則以整理『潑米斯頓』，如灑掃，裝飾，整頓花園，組織演講會，運動會，看護兒童等，每個工人都應在各系之內，登記一種或幾種，可以隨意，並不需要每天參加其間；反之卻願工人能找得一種休憩和本身素來不諳的職業範圍以外之利益。

雖由哥丹在演講會中竭力勸告，欲藉此試使一般工人懂得傅立葉式社會的機要，並在紙上注明各系，而工人並不去登記，或所登記者數目極少。

關於生產，可說在『溦米斯頓』裏面，差不多沒有施用傅氏綱領，但假使我們講到分配之點，覺得雖略有更改，確是最忠實於他的老師底教訓的。

哥丹承認三股分配的原理：勞動，資本，才能，所謂才能，就是管理之才。所以『溦米斯頓』的贏利，便出三個原子分配，只不過他們分配的比例，與傅氏所指出的不同罷了；尤其是有兩個主要不同之點，是造成哥丹的榮譽，非過誇底說道是眞正社會的大發現，及他的老師思想的大成功。

先說第一種，資本和勞力間的分配，我們知道傅氏分給資本爲十二分之四（或三分之一）這一部分已很可觀了，哥丹卻同意於資本方面相差極小，而更有趣的，他所採用決定這部分的方法，完全是照原定的。關於勞動價值，他照常人一樣的計算，係根據一年中所付工資之總數，這是自然的道理。但當他計算資本一部分之際，他採用利息數目比例計算，以代替普通一班人以資本本身（卽本錢）數目來計算。他根據下面這個理由，從經濟上看來，我們似乎不可爭辯。蓋人們以工資的數目來計算勞力原子的價值，就是勞力租出的代價，如是要計算資本的效勞，就可用同樣的方法，就取其資本租出的代價，這個代價，就是利息。照此人們應用二個單位於同一區域之內，而若使你一面把勞力的進款，卽工資，和另面資本本身於天秤之上，那自然平衡破裂了。你把金錢底效勞比例高算了。

兩個原子中每個底價值，應用同樣的方法來計算，就是彼此所付與職務的價錢；付與勞動的價錢，謂之工資，付給資本之價格，謂之利息；結果在最後分配之中，你就把工資和利息所出產的按比例來分配。

但這是一種革命呀！通常一般資本會社情願去共分利潤，資本的計算，往往不按他所獲利息爲比例，但卻按資本本身的價値爲比例，如宅載在帳簿上所示一樣。所以用哥丹方式來分配，資本部分就縮減百分之九十五了！譬如有一個企業其資本爲二百萬，而每年工資開銷一百萬，假定年終賺得三十萬法郎，那資本與勞力之間怎樣分配呢？在資本主義制度之下人們說因二百萬資本是一回事一百萬工資又是另一回事，那三分之二給資本三分之一給勞力或者二十萬法郎該資本，十萬法郎給勞力。若用哥丹制度，必說資本二百萬有十萬利息之權，以代表宅效勞的代價。至於勞力獲得一百萬，係代表宅的效勞，那末一定分配三十萬法郎與十萬及一百萬爲比例，就是二萬七千三百八十法郎給資本二十七萬七千六百二十法郎給勞力。

哥丹此種計算方法只有他自己利用過，自然容易了解爲什麽原因！但這並不說就停止施用了，在最近政府立法計劃之中，關於一般勞工參資集社有人就提議施行此制了。

下面這是哥丹第二種革新，這點卻很容易吻合。

傅氏底目的，就是廢除薪工制，而由受薪工作變爲集合勞動，使每個勞動者成爲股東，一個產業的合有人(Co-proprietaire)，這正是哥丹之所爲，使每個勞動者爲『潑米斯頓』的股東，除出我剛才所指出一些不同而外，他一開始便設立利益參與權，以益於工人；其次他應用這部分利益使工人來購買一股或幾股股份，不過利益分配來買社中的股份並不讓工人自己情願，而卻是強迫的。

我常常提起，哥丹是一位實行家。他曾經說過：假使我知道一般勞動者來購社中的股份了，他們不必勉強由袋中撈出錢來支付，但只要將分得利益作抵好了，那末時間必須長久着。從這點表明他很了解工人，並證明事實上由他以來，差不多每次人們試欲把工人成爲企業股東，而後者常常反對的。他們所以反對，一部分人具有激烈社會主義的精神，說他們不願成爲主人的合股者；另外一部分人，眼光正相反，具有中產階級見地，說他們若有餘款，他們寧願存納於儲蓄會，或購國家公債，不欲置於實業價値之中，所以必須承認此種固執，就是謹慎從事，因為假若此機關停頓了，那末勞動股東，便一起把金錢和地位都失掉了。

此所以哥丹不允讓他們選擇；到了年終之際，只在辦公室裏，把一部分利益變成股份而已。如是五六年之後，股份便可完全自由支配，而工人亦可任意成為社員了。

但股東的名義有一定嗎？不然，因為假若股份的財產已被每個工人獲得確定了，就會遇到下面這種情形，勞動者不斷底變遷，死者，告退者，遷居者，或辭退者，將來有一天，一般原來的股東都會消滅，而他們的股份，就會由遺產或出賣轉遞於同社異人之手，如此人們所建築於資本和勞力雙方的集社，將會破裂。初辦的一般股東，再沒有一個是社中的工人，反之，下一代的工人，他們將來加入企業者，都沒有人可成為股東了！你說可以發新的股份，以供新進的工人嗎？這是不可能的，因為沒有一個企業資本可無限制的增加，除非宅的顧主和營業是無限制！

既然一方面說明了必需服從一個主義，即股份的數目應有限制，另一方面卻又說明事實上勞動者不斷的更換，於是使每個工人共有企業，似乎不能解決了。傅氏似沒有注意到這種困難，而哥丹卻用很漂亮的方法解決，且好得無以復加了。

下面方法怎樣的呢？就是每次工人股東離開『潑米斯頓』，或是死亡，或情願離開，或年紀高了，他的股份，就有人向他贖取股票，並不失去價值，蓋仍照額數計算，至剛才贖取的資本，工人可隨意怎樣擺佈，買國家公債亦好，或存入儲蓄會也好，但從此時起，他就取消社中股東的名義，而贖回的股份就可讓給於來代替他的工人，後者怎樣付錢呢？但和第一位付他自己的一樣！每年他擁有一部分扣留下來的利益，漸漸地自由用在股份之中，如是社中股份永久旋轉不絕，同時勞動者亦延綿不停，遂使資本和勞力常常結合。

哥丹仍欲從事他項工作，不僅廢除薪工制以貢獻全體利益於勞動為完事，但欲使他的『潑米斯頓』成功一個眞正的工人共和國，信任全體社員自己來指導和確定各項職務的報酬，他們試用各項選舉制度但不得不放棄這種民主思想而保留自己活時那些權力，雖不是『狄克推多』至少亦是處於主人地位。自從他死後，藉他所製定法規之效，管理人可以施用如主人似的一切權力。

哥丹向一般工人說：『我是接近你們的，不停底專爲你們幸福而奮鬭，可惜你們不能了解我，每跑到你們隊伍之中，我很奇怪覺得孤獨困難，如何圍攻我。至於我呢，照我的方針做去。』哥丹這一番淒涼的別辭，幾全脫胎於耶穌基督吩咐弟子底原文一樣：『我生存於你們之中，但你們卻不認識我。』

衆信『潑米斯頓』底成功，均一致歸功於哥丹的人格，後來創辦者就與世長辭了。哥丹死於一八八八年，迄今共三十四年歷史，而此後『潑米斯頓』仍繼續生存，它非特存在而且復興，因大戰時已遭殃了。『潑米斯頓』大部分毀於火，而全數商品式樣均被德國人運去，但現在差不多仍復舊觀了。此種組織在它本身定有幾種元氣，蓋此時不會死亡，亦沒有理由說它不能悠悠久遠。

但是人們不願它做一個如此榮耀的證明，他方面卻說他是欺騙羨慕者，其意即它仍是單獨而不繁殖。人們可以希望由此種組織的成功，能引起有興味的人，如羅虛戴爾先驅之類，勇往直前，以進行它想像中的組織，然而毫無其人。科學的發明，不過用眞正有力的試驗能產生一個願望而已。所以大凡一種試驗，經過一次成功之後，而不再稱道者，自然會起了某種疑惑的。

雖然，相待半世紀了，在一般組織歷史上講來，並不隔離很久，而遽失望，這株不結果的樹，異日未始不可發生嫩芽。

這點也許懷有幾種希望，能日下工業勞動界發出一種新希望，所謂工人管理就是使全工廠成一種共和國，工人全體加入管理。照工人共和國的事實看來，衆可承認『潑米斯頓』應幾近乎這個理想了。

第二篇　消費合作

第一節　是否消費合作爲傅立葉之嫡系

假如傅氏可認爲生產合作社的鼻祖，或者至少其中之某一種，那末可說亦是一般消費社的嗎？此種嫡系地位，較之前一項爭論尤烈。如最近國家消費聯合社總秘書包羅松先生(E. Poisson)所著一册『合作共和國』中他寫着：『傅立葉從沒有消費社的知識：著作中絲毫未提及，誠然，傅氏的「潑藍斯頓」，起初看來，似乎好像一個合作社，但只不過一個外表而已。旣無現在一般消費社主要組織底規章，亦沒有社員平等的取贖權，更無公道價錢出賣的意思，除非留下一些看不出的意思罷了。……』

我擅敢不服這個判決，因爲雖則剛才所說的話，含有一部分眞理，至少太過於嚴酷了。誠然，照我見聞所及，傅氏許多著作之中，毫未有提起消費合作社，但卻有充分理由存在，蓋傅氏歿於一八三七年，而他大部分的著作，均發表於一八二三年到一八三五年之間，當時實無消費合作社之可言，卽名字也從未聽得。你知道被視爲消費合作社之母的先驅羅虛戴爾，也不過是一八四三年的事體。

眞的在羅虛戴爾先驅以前，可指出幾個消費社的誘餌，特別是在一八三五年，創始於里昂者，那適距傅氏死日不過兩年，也許他或能知道其產生，但可能的他也許蔑視一般起初試驗者，太劣於本人宏莊的幻想，而且，卽使他忽視了，而那班創辦者總不會略視傅立葉，反之因他們曾把這個可敬的社會置於美名庇護之下，可說由傅氏給宅教訓似的『眞實交易』(Commerce véridique)，這點傅氏常常在著作上表示過的。

還有『合作』(Coopération)這個字，如今我們已常常任用，卻不能在傅氏著作中找得。『合作』這個字，係起源於英國，我在此並不下一個不好的批評，我以爲自由輸入思想，等於自由輸入貨品，加之若我們以國家尊愛來抗爭，不如請少安毋躁而自量爲是。社會主義（Socialisme）這字，就起源於法國字的，還有聯帶主義（Solidarilisme）這個字也是一樣。論到『合作』這個字，係起於一八二一年，在英國一個大社會主義家渦文所辦的日報中第一次披露一八二一年八月第廿七號的英國經濟日報（Economist）載有下面一段話：『祕密已洩漏了，就是大家全體合作，我爲人人，人人爲我。』

目下『合作』這個字意義已變了，十九世紀上半葉，『合作』這個字在英倫，常常被人解釋，等於共產（Communisme）的意義，我們知道傅立葉係痛恨共產主義，並帶點厭惡英國人（Anglophobe）此字之所以不能在傅氏著作中尋得，是毫不足怪的。

很顯然的，人們在傅氏著作中絕找不到『合作』這個字，亦沒有消費合作社，但卻可以找到更好的東西，即尋到一個消費合作社的定義，不過取別一個名詞而已，但如此確切，毫無缺點，即在目下一般定義中，均無出其右，只不過傅氏稱爲公共錢莊（Comptoir communal）罷了，且看他說：

『公共錢莊的功用在使人人以最廉的價格，獲得一切國貨和洋貨，而免除一般商人及投機家的從中漁利。』

誠然，由集社的途徑，使人人以最低的價格，獲得貨品，而消滅中間人，這不是同樣的消費合作社的定義嗎？爲什麼傅立葉取公共錢莊這個名詞，且在他的制度裏面該宅附屬地位呢？因爲此種集社的方式如他的所下定義者，不過是一種過渡式一部分實現，終必投入『滋藍斯頓』及諧和的制度中以達於全體結社。但他承認實現了剛才他所下定義的公共錢莊，同時又全體實現『滋藍斯頓』那已是一個很大的進步了。

介乎部分集社和『滋藍斯頓』有什麼分別呢？此點就是人們不能要求附和者放棄私人生活而趨於家庭生活，只不過換得公共居住而已；他們並不如加入『滋藍斯頓』手續一樣，要求放棄家庭，攜帶財產，到社中去，不然每位仍留在家裏，看守他的土地，資本，祇限制和鄰近結合消費能力，並且借貸能力，此種半集社，他稱之爲公共錢莊。

在上述各課，我曾和你們談及不久實現了集合家庭，此處便只有一個廚房，可經濟一點，但同時有了公共廚房，若再有公共供給所，那已更進一步了。

第二節　公共錢莊

在傅立葉的理想中，所謂公共錢莊者，原不過一種消費社，但它卻要包括全個鄉區的居民，如布爾雪非克制度下之所爲。雖然他的計劃卻不過使全區人民全數捲入一種強迫狀態之內而已，如我去年在課程中所講的蘇俄底消費合作社一樣，我曾經說傅氏絕端反對施行強迫，此種集社，雖爲鄉區性，卻可隨意。社中包含兩種社員；一部是股東，他們應募股份的，另一部謂之承辦員（Consignataires）其意卽單消費而不納款者，但要做他們的顧主。此很明顯，我們在現在的一般消費合作社裏面，亦找到兩種社員；所謂實際的社員，他們繳納資本，同時所謂附屬社員，他們只不過是買主而已。

真的，傅氏並沒有將社中獲得的贏餘，以買主之資格，分配於社員。此是先驅羅虛戴爾聰明的理想，而由這點，遂使全球合作均告成功，所得的利潤，不再如常人之所爲，或現在資本公司一樣，分給於股東，但卻按照他們購買之比例而分配。我可說此種皎潔的理想，由理論上說來，較實際方面，尤爲充分。

從實際上看來，因爲這正是以利潤的餌引與購買成正比例，造成它爲吸引工人的一筆獎金，使他們在合作商店做交易。

從思想上觀察，消費者之間共分利潤，表明經濟軸心的移動；以前只有資本攫取利潤，現在他卻被侵佔了。

而消費家以往若不注意，不自覺，現在非特分佔利潤，並且還擬執行管理。我們承認傅氏並未心存此革命底觀念。非特他不具這種理想，但即使有此種精神或許也會離去。實際上傅氏不是一個贏餘的反對者，因為我們已說過，他允許在『潑蘭斯頓』中利率可升高，較之今日一般最無恥財政會社尤甚：贏餘竟達百分之三十六呀！這點就與其他的大社會主義者不同，如他同時代的渦文，多麼痛恨贏餘而喻為我們社會中的癌腫一般，自然，由渦文而引起先驅羅虛戴爾，和各國無數消費社都感覺而倣傚羅虛戴爾式了。

但傅立葉為什麼不預料我剛才所指出的危險嗎？他不恐怕一般社員不到商店來購買，但只以股東名義來分紅的嗎？不然，傅氏毫沒有顧慮到這一層，因為他猜想全鄉區的住民，很足被公共錢莊的情趣所吸引，此不單是一個商店，且是一個交易所，差不多可說是遊戲室！

『鄉間人最快活的事莫過於商業的聚集，這是一種樂趣，每星期中到公共錢莊來，參加交易所，彼此交換意見，互告商情，並就此討論買賣。鄉人羨慕店中討論交易的股東為榮幸，他們每逢星期日赴交易所者，更會趕到公共錢莊來了。』

此一種心理想像，毫不失去完全的真理，自然鄉人每星期赴市場一次，認為快事，而『市場』（Le marché）這名詞，在某幾個國家，如傅氏一樣稱為交易所（La bourse）在我們南方的小村鎮裏面有『酒交易所日』（Jour de la Bourse pour les vins），每星期一次，到了那天，沒有鄉人不駕他小車子或不跑到公共地方去，等待呼喚酒的價格，即雖他毫無所購，也要把時價消息聽來，所以每週的市場委實在鄉村生活娛樂中佔大勢力，但介乎這種事實與實際應用社會底商店，毫無必須的掛繫。

假如傅立葉沒有預見消費合作社底大目的為取消贏餘，至少他總看得很清楚，另外一個目的，就是廢除一般中間人，一班寄生者，而藉此減低生活程度。

『他說公共錢莊最顯著的一般利益，就會使商業衰落，……這些公共錢莊組織起來，彼此互相購買食物而毋需求助於商人，貨品便充滿市場，從此各處的商業都受影響，如蜘蛛張網一樣，小蠅一誤足，便墮其中而被禁錮了。』

所以傳氏不痛恨贏餘，而可惡一般商人。因為他終身留於商業界而他所習見一切交易，已使他乏味。

總而言之，假如真的人們不能在公共錢莊中尋得合作社一般主要的理想，尤其是消費者的攤還權，至少人們可以由彼處找到兩個重要觀念很足以彰傳氏的功德，若不是鼻祖，而至少是此種會社的先驅。

(一)團結一般消費者來減低生活費用。

(二)廢除一切增高生活程度的寄生者。

第三篇　農業集社萌芽於公共錢莊

公共錢莊並不僅僅底是一個供給糧食的商店。

傳立葉把商店複雜的功用，常常詳細分析，因為不單是一個公共買貨的商店而已，但尚有其他功用有待於我的敘述。此誠如一個幻術家，變各套法門，層出不窮，令人驚奇不止，因為公共錢莊包含最有力量的不僅是消費社，但還有另外許多組織，不久都會實現的。

首先就是一個信用合作的組織，傳氏會與公共錢莊一樣，選擇另外一個名詞，叫做農村銀行（La banque rurale），即我們目下稱為農村銀莊（Caisse rurale）。

鄉區集社並不限於供給社員以需要的物品，但還供給他們較物品為尤要的東西，資本，而這點條件非常經濟，因為公共錢莊，同時就是儲蓄公所。一般鄉人把所餘款項，存在公所，而後者就把貯金用以供給那批需要借貸的人。他說：『鄉人不易找到借貸，除非付高利貸如百分之十七，好在叨我們公共錢莊之福，如鄉村銀行一樣，他們可以用最低的利息來借貸。』

此處還要承認傅氏當時尚未瞥見後來成為主要特點者，即信用合作的靈魂，它非特在經濟上偉大，而更使道德增高。此即唯一人格信用。絕無其他的擔保，不過全體同志連帶負責，這便是一聰明的思想，在一八四九年，德國雷發巽依此建立第一個農民銀行於德意志，此為信用合作之母。目下為數較消費合作社尤夥，特別在東歐方面為最發達。雷發巽式集社中全體會員，彼此互相負責，以言語為憑，或以人格擔保，而傅氏則尚保持舊習慣，舉行抵押借貸。

雖然，即於此點，就有一種借貸式的前示，自他死後才始實現。此種借貸，並不是土地借貸，不動抵押借款，而卻是貨品借貸，抵押借貸，但是動產的。

『這個社裏的鄉村會員，可以把他的五穀，和酒，押在公共錢莊裏面，而獲得一筆預先借金，數目照他的貨物所值三分之二。鄉人常常在收穫期內迫於不得已，把物品賤價出售。他們並不怕借款付息。他常付百分之十二利息給高利貸款者。他感激商店以每年百分之六利息出借作他臨時費用。他寄存收穫品於商店，仍可繼續操作，而鄉村商店善為保護，較之儲存自己地窖和穀倉中，尤為周到和經濟。』

此種理論使公共錢莊的功用，宛如目下所謂堆棧（Magasin généraux）即存貨人依寄存貨品的價值而抵押借款。我們常常看到在大部分城市裏面，一般製造家，實業家，可以把他們的貨品押存到這種組織中去，以流通資金。真的傅氏早已看到公共錢莊與堆棧不同，自己不借錢給存貨者，但只允他們二個名義：一面給他們一張收據，以證明他的財產權，另一面一個名義，人們稱為棧單（Warrant），市面上可以交易。它允存貨者可以勿需勉強出售貨物，而獲得用款。棧單是一種簡單的押具，便是貨權人保持到還款歸還的憑據。

關於一般農民，係同一個制度，但有這點不同，卽照這個字實際意義而說並沒有堆棧，因爲農民將他的酒和麥裝到一爿店裏來，非常不便，而且在每個村莊上化一筆大費用去建築，很少實用的。

所以章程允農民將他的收獲品，麥，酒之類，存在自己地窖和穀倉中，而同時亦允許發行所謂棧單的名義，使其可以做抵押而借貸。而傅氏則擬議在各村莊設立堆棧如一種看守店，然接收和護視如麥酒等保存品。

這個理想並不算壞，事實證明德國建設許多藏麥的棧房，較之一般鄉人的地窖周到多了。

不寧唯是，公共錢莊功用還像一個職業介紹所，以供失業時幫助勞動者尋工作。傅氏說此足以供給一班無業者，每季各項職業，或在鄉間或在工廠裏面。

此種介紹所的理想，你總知道各國多麽發達，及其效用多麽宏大，傅立葉把這種辦事處設於村莊之上，實不合地制宜，因在城市中失業最易感覺；反之，在鄉村中勞動者之供給少於需要；現在情形，尤爲明顯，大部分鄉村人口，既死亡於戰爭，而另一部則遷居城市，所以失業是一個城市而非鄉村的病態。

不僅如此，公共錢莊還享有保險合作社的功用，保險以防一切危險，「務使人人都不會不受着保險的好處。」

此處，尙有一個理想，已驚奇底實現了，法國共有一千五百到二萬個農村保險合作社，特別是關於家畜死亡的保險，並亦有關於冰雹及火災的保險。

畢竟全完了嗎？消費合作社，農村銀行，儲蓄公所，抵押借貸所，職業介紹所，保險公司，還有什麽呢？好，其餘傅氏還把公共錢莊指示一種功用，就是成爲售賣合作社，我的意思並不單指售於個人的消費品，但出售農業方面一切的用具和生產社的一切用品。

由此，我們再論到生產合作了。

『公共錢莊可以用五穀和畜類放帳,依照一般方法來應用,並遺給它的職員,卽雖是赤貧者,有一部分的出產的利息,如果菜之類,俾得提醒工業的活動。……』

此處尚有一個新途徑各國由此獲得很大的成功,特別關於出售農業出產品方面因爲生產方面所起的障礙,傅立葉當然沒有預見到,而他要實現最後這種功用,是亟其困難的。

在法國我們所謂一般農業『生的甲』會社,可視爲傅氏計劃的實現,但它們的功用祇等於購買集社,而供耕種之用。除它們而外,法國已設立了許多生產社,若牛油的出產爲數甚夥,或如牛酪的出產,它們很早就有了,或如菜果罐頭食品,又酒的出產及蒸餾業,製麥酒等等……。我們今日才始在法蘭西南部,有了許多製酒合作社,係照傅氏綱領的,假如傅立葉能够看到,那定會有無上之愉快。在奈荷及卡達兩省(L'Heraut et Gard)的一般村莊,到了那個時季,各區就把摘下來的葡萄,肩挑到社中的貯蓄所來,由此就把葡萄拿來榨壓發酵,最後就變成酒,貯在大桶內以便出賣。一般社員可毋須焦急,因爲他們立刻就可以拿到款子。出售完竣了,就按照帶來多少葡萄而分配。

下個結論,我們看到傅氏所預說一切,在鄉村合作社的計劃中已實現了,不過零碎方式和機關不同而已,但在傅氏方面看來,一切都處於一個宏大程式之下,照他應用這個時髦的話是併合化(Intégration)的。或者從大處觀察,他看來是對的,但假使這個併合能够實現,那只能在末脚,而不在起初。人類一定由專門開始,只漸漸地,不是常常底,就可以達到併合化。譬如一個大工業罷;都由專門分工開始,只不過工業達到最盛時期,才進行併吞枝節,如冶鐵工業,有它的礦產,自己建築鐵路,以輸運礦品,建設工廠,以利用副產品,而漸漸底完成它自足自給,世界組織制度亦是如此;一定由專門組織開始,各有它的目標,嗣後等到可以聯合才合併成爲很複雜組織。將來有一天人們可看到幾個農業合作殖民地,聯合目下分開的一切功用,實現未來的大幻想，也未嘗不可能的。

【註一】在法國人們曾說起一個小的農業共產社，成立已十五年，由包柏西（Paul Passy）所組織，（此係自由經濟學派中領袖之 Frédéric Passy 佛雷柏西之子）他執教於高等師範，對此殖民地取名爲『里佛拉』（Liefra）係自由平等博愛三字之首拼成（Liberte, Egalité, et Fraternite）。

參考書目錄

我剛纔所敍述傅氏的功績及其學派，稍嫌簡括，讀者可參閱更詳細的著作來補充。關於傅立葉及其學派之最完全底著作是布甘（Hubert Bourgin）的書。此係一本六百餘頁之巨帙，出版於一九〇五年，刻已絕版。或者有人責難此書材料雖豐富，但不易了解，因材料分類底方法欠妥。讀者更可參考同一個作家經長時間研究的結果，於一九〇八年在革命雜誌（La Revue La Révolution de 1848）發表一篇關於維多孔雪當（Victor Considérant）的文章。

回溯以往，更可找得一個傅氏弟子雷腦（Hippolyte Renaud）一本小册子，出版於一八四二年，書取名爲連帶（Solidarité），當時頗爲新穎，但目下卻成普偏了。此書曾有相當之成功，其第七版出於一八九八年。有人說這本書就使左拉（Zola）變成信仰傅立葉主義；並此便引導其寫成他的小說『工作』（Le travail）。人們都知道後者完全發揮傅氏的思想，雖然據我個人意見，雷腦之書不甚有用，因爲傅氏的經濟思想部分幾乎毫不提及，作者底特別推贊傅氏書中之開天劈地論之苦闢及神怪家，但不過關於我們課程之目的，毫無裨益。

最好是傅氏主要弟子維多孔雪當所著的『社會命運論』（La Destinée Sociale）一書，第一版遠在一八三四年，三版在一八四四年。此書較之其師之著作，所用方法和意思明白均超出多多。

我（本書著者）於一八九五年在『經濟學者小叢書』中，出版一小册子，名爲傅立葉精選，係根據有計劃的方法，而把傅氏的作品分類起來，編成一册，集成書前並冠一長序。所與前書不同者，在此册精選之中，我特別在傅氏著作尋覓有關於經濟和社會的思想，此小册子久已絶版。（譯者按現又出版，且已譯成英意文了。）

意文方面有本很小的册子，但頗動人，尤其傅氏的傳記，書名 Carlo Fourier，作者係杜司（Vincento Tosi）。末了，如不厭其多，更列舉傅氏之書至少包括其思想之主幹，如『農業家庭集社』改名『宇宙純一論』（Unité universelle）而重版。這本傅氏主要的書籍是一八二二年問世的。

最後，我們聽到慶祝百年紀念了，我謹將此課作爲紀念。

中華民國二十五年九月印刷
中華民國二十五年九月初版

合作先驅 傅立葉（全一冊）

實價國幣四角
（外埠酌加運費匯費）

原著者 法國季特
譯者 徐日琨
發行者 世界書局有限公司代表人 陸高誼
出版印刷者 上海大連灣路 世界書局
發行所 上海及各省 世界書局